기독교
사용 설명서
12

신자의 생활

세움북스 는 기독교 가치관으로 교회와 성도를 건강하게 세우는 바른 책을 만들어 갑니다.

기독교 사용 설명서 12
신자의 생활

초판 1쇄 인쇄 2021년 12월 25일
초판 1쇄 발행 2021년 12월 30일

지은이 | 임경근
펴낸이 | 강인구
펴낸곳 | 세움북스

등 록 | 제2014-000144호
주 소 | 서울시 서대문구 연희로 160 연희회관 3층 302호
전 화 | 02-3144-3500
팩 스 | 02-6008-5712
이메일 | cdgn@daum.net

교 정 | 이윤경
디자인 | 참디자인

ISBN 979-11-87025-00-0 (03230)

기독교
사용 설명서

12

신자의
생활

임경근
지음

세움북스

목차

시리즈 서문

독일의 개혁자 마틴 루터가 비텐베르크 성곽교회 문에 면벌부를 반박하는 95개조 대자보를 내 붙인 지 500년을 훌쩍 지나 몇 년이 더 흘러가고 있습니다. 종교개혁은 제도적인 개혁, 도덕적인 개혁에 불과한 것이 아니었습니다. 종교개혁은 예배의 개혁이면서 동시에 교리와 삶의 총체적인 개혁이었습니다. 이 종교개혁이 거대한 로마교회체제와 성도들의 신앙생활을 흔들어 놓았습니다. 하나님을 참되게 예배하기 시작하면서 교인들은 두려움이 아니라 기쁨과 감사 가운데 살아가기 시작했습니다. 그 개혁의 불꽃이 교회만이 아니라 유럽 사회 전체를 새롭게 했습니다. 과연 우리 한국개신교회는 개혁의 그 아름다운 모습을 얼마나 누리고 있을까요?

종교개혁 500주년을 맞아 종교개혁이 교회의 몇몇 악습을 제거한 것이 아니라 총체적인 개혁이었음을 드러내기 위해『종교개혁자들과의 대화』(SFC출판부) 12권 시리즈를 발간한 바 있습니다. 그 시리즈를 통해 종교개혁이 예배, 교회, 역사, 교육, 가정, 정치, 경제, 문화, 학문, 교리, 과학, 선교를 어떻게 변화시켰는지 살펴 보았습니다. 우리 청소년들이 어떤 영역에서 일하든 하나님의 사람으로 살아갈 수 있다는 것을 보여주려고 했습니다. 이 종교개혁 500주년의 후속 작업이 바로 본 시리즈『기독교 사용 설명서』입니다. 본 시리즈는 우리 기독교의 근본을 재확인하고, 다시금 개혁의 정신을 되살려 오직 하나님의 영광을 위해 살아가고자 하는 마음으로 기획했습니다.

본 시리즈에서는 기독교를 총 4부로 나누어서 설명합니다. 제1부는 종교개혁, 교회정치, 교회직분입니다. 우리는 종교개혁의 역사를 통해 교회정치와 직분이 어떻게 새로워졌는지를 잘 알아야 합니다. 제2부는 사도신경, 십계명, 주기도문입니다. 개혁자들은 교리문답을 만들었는데 그 교리문답들의 대부분은 이 세 가지를 해설하면서 기독교신앙의 요체를 드러내었습니다. 사도신경은 우리가 믿고 있는 삼위일체 하나님을 고백하는 것이고, 십계명과 주기도문은 우리가 어떻게 감사의 삶을 살아야 하는지를 잘 보여주고 있습니다. 제3부는 공예배, 교회예식, 교회력입니다. 교회는 예배를 위해 부름받았고, 각종 예식을 통해 풍성함을 누리고 교회력을 통해 이 세상에서 그리스도를 누리면서 새로운 시간을 살아갑니다. 마지막 제4부는 혼인, 가정예배, 신자의 생활입니다. 우리는 하나님이 처음부터 제정하신 제도인 혼인을 통해 언약가정을 이루고 가정에서 예배하면서 기독교인으로서 이 세상을 살아갑니다.

그동안 덮어놓고 믿었던 것이 교회의 쇠퇴와 신앙의 배도에까지 이르고 있습니다. 코로나시대에 함께 모여 예배하고 교제하는 것이 힘들어졌지만 기독교신앙에 대해 치열하게 학습할 수 있는 절호의 기회입니다. 우리가 무엇을 믿는지, 어떻게 살아야 하는지 근본에서부터 잘 학습해야 하겠습니다. 각 세 권씩으로 구성된 총 4부의 『기독교 사용 설명서』를 통해 우리 기독교와 교회의 자태를 확인하고 누릴 수 있기를 바랍니다. 12권 시리즈로 기획했기에 매월 한 권씩 함께 읽으면서 공부하고 토론하기에 좋을 것입니다. 기존 신자들 뿐만 아니라 자라나는 우리 청소년과 청년들이 이 시리즈를 통해 기독교의 요체를 확인하고 믿음의 사람들로 든든히 서서 교회를 잘 세우면서 이 세상에서 담대하게 살아갈 수 있기를 바랍니다. 교회를 세우기 위해 가르치면서 해당 주제를 잘 집필해 주신 집필자들의 수고에 감사를 드리고, 이 시리즈 기획을 흔쾌히 받아 출간하는 세움북스 강인구대표께 진심으로 감사를 드립니다.

2021년 11월
개혁교회건설연구소

대한민국은 지금 힘차게 움직이고 있다. 이제 한류(韓流)는 세계의 정치·경제·사회·문화·체육 등 모든 영역으로 퍼져가고 있습니다. 모든 면에서 뒤서 있던 대한제국 말기의 상황과는 많이 달라졌습니다. 그때는 사람들이 문화적 후진성을 넘어서기 위해 서구 문화의 옷을 입은 기독교 문화를 쉽게 받아들였었지만, 이제는 그럴 필요가 없어졌습니다. 한류의 화려한 옷을 입은 세속 사회는 여러 면에서 기독교 사회를 넘어섰다는 것을 부정하기 어렵습니다.

겉으로 보기에 이제 교회는 사회 변방으로 밀려났고 개인의 영역으로 쫓겨났습니다. 뿐만 아니라 교회는 이 사회의 구성원들에 의해 종종 손가락질을 받고 있으며, 교회 지도자들의 도덕성도 의심받고 있습니다. 이 사회 안에서 성도들이 미치는 영향력은 이미 없어졌고, 급기야 복음의 능력이 의심 받는 시대가 되고 말았습니다. 이런 흐름은 도대체 어디에서부터 시작된 것일까요? 어디에서부터 잘못되었고, 어디에서부터 고쳐가야 할까요?

본래 복음은 믿어 순종케 하는 능력이 있기 때문에 믿음은 순종과 분리되지 않습니다. 단지 거짓 믿음이 열매를 맺지 못할 뿐, 참 믿음은 반드시 열매를 맺습니다. 결국 열매로 믿음의 진위를 발견하게 될 것이지만 교회 전반적으로 삶에 무능력한 그리스도인이 양산되고 있는 것이 현실입니다.

이 책은 그리스도인의 신앙과 생활과 관련해서 여러 면을 살펴볼 것입니다. 먼저 신앙과 생활이 분리될 수 없는 하나임을 증명할 것이고, 그러고 나서 신자의 생활을 가정과 교회와 일상생활로 나누어 살펴볼 것입니다.

기독교 사용 설명서 12 | 신자의 생활

제1장
신앙과 생활

제1장
신앙과 생활

신앙과 생활은 하나

개인의 영혼 구원과 개혁신앙에서 강조하는 신자의 생활 문제는 모두 필수 불가결한 것이다. 그럼에도 교회 현장과 개인의 생활에서 이 두 가지가 마치 분리된 것처럼 이해되고 취급되는 것은 안타까운 일이다. 본래 종교개혁가들이 물려준 신앙은 성경에 계시되고 사도들이 전해준 가르침과 교훈을 그대로 믿고 생활하는 것이다.

하나님의 말씀인 성경이 바로 우리의 삶과 신앙의 기준이기 때문에 성경에서 참으로 그렇게 가르치고 있는지 살펴볼 필요가 있다. 신약성경에 나오는 여러 인물 가운데 비교적 주목받지 못하는 베드로의 경우를 집중적으로 살펴보겠다. 그가 선포한 말씀과 살아간 삶을 보면 종교개혁신앙을 추구하는 사람들이 무엇을 믿고 어떻게 살아야 하는지 알 수 있을 것이다.

베드로는 예수님의 제자들 중 가장 두드러진 사도였지만 베드로전서와 베드로후서를 기록한 것이 전부이다. 바울 사도에 비한다면 기록된 성경의 분량이 턱없이 부족하다. 그러나 베드로의 삶에 관한 기록은 복음서에 풍부하다. 베드로는 예수님의 공생애 기간 동안 처음부터 마지막까지 함께했던 제자이다. 그 어떤 제자보다도 예수님과 더불어 인간적으로 가깝게 지내면서 실수도 많이 했다. 그런 의미에서 보통 인간인 우리와 너무도 닮았다고 볼 수 있다. 그와 동시에 베드로는 예수님의 사랑을 누구보다 많이 받았던 제자이다. 그의 삶의 여정과 베드로전서와 베드로후서를 통해 신앙과 생활의 일치를 발견할 수 있다. 베드로후서 1장 1절에는 조금 당황스러운 구절이 등장한다.

"예수 그리스도의 종이며 사도인 시몬 베드로는 우리 하나님 과 구주 예수 그리스도의 의를 힘입어 동일하게 보배로운 믿

당황스러운 구절은 바로 "믿음을……받은 자들"이다. 믿음은 갖는 것이지 믿음을 받는다는 개념이 좀 생소해 보인다. 전도할 때 대체로 우리는 "예수님을 믿으세요"라고 권한다. 부흥회에서도 믿음 없는 사람들에게는 "믿으세요"라고 권고하고, 믿음이 적은 사람들에게는 믿음을 가질 것을 호소한다. 그런데 베드로는 "믿음을 받았다"라고 말하고 있다. 이 말은 어떤 뜻일까? 베드로가 그 의미를 분명하게 설명하고 있지 않기 때문에 이 말을 이해하기 위해서는 그의 삶을 살펴볼 수밖에 없다.

베드로가 예수님을 만난 것은 그의 형제 안드레 때문이다. 안드레가 먼저 예수님을 만나고 나서 베드로를 예수님께 데리고 왔다. 그때 예수님은 시몬에게 새로운 이름을 주셨다. 베드로의 원래 이름은 시몬이었다. 예수님은 시몬에게 아람어로 '게바'라고 새로운 이름을 지어주셨다. 성경에서 이름의 변화는 신분과 상태의 변화를 의미하는 경우가 많다. '아브람'이 '아브라함'이 되었고, 그의 아내 '사래'가 '사라'가 된 경우가 그렇다. 이 '게바'와 같은 뜻의 헬라어가 베드로다. 시몬이 예수님을 처음 만난 날 그는 예수님으로부터 '돌멩이'라는 뜻의 헬라어 이름 '베드로'(petros, '바위'를 뜻하는 Petra와 다른 단어)를 선물로 받았다. 이때 베드로는 그어떤 변화도 없었다. 심지어 예수님을 믿겠다는 결심도 없었다. 시몬은 그냥 하나님의 아들이신 예수님으로부터 '베드로'라는 이름을 받았다. 아무런 조건 없이 받은 선물이었다.

마태복음 16장에도 베드로의 믿음이 철저하게 하나님으로부터 온 선물임을 보여주는 사건이 기록되어 있다. 시몬 베드로의 "주는 그리스도시요 살아계신 하나님의 아들이시니이다"라는 유명한 신앙고백이 마태복음 16장 16절에 담겨있다. 참으로 대단한 믿음의 고백이다. 베드로 개인이 이러한 고백을 만들어내었을까? 베드로가 믿음이 좋아서 이러한 고백을 할 수 있었을까? 결코 아니다. 인간의 지(知)·정(情)·의(意)를 통해서는 하나님을 알 수도 없고 믿을 수도 없다. 인간은 모든 영역에서 '전적으로 부패'(Total Depravity)했기 때문이다.

예수님이 답을 주셨다. "예수께서 대답하여 이르시되 바요나 시몬아 네가 복이 있도다 이를 네게 알게 한 이는 혈육이 아니요 하늘에 계신 내 아버지시니라"(마 16:17). 베드로는 복을 '받은 자'이다. 베드로가 그와 같이 위대한 고백을 할 수 있었던 것은 순전히 하늘에 계신 하나님 아버지께서 알게 하셨기 때문이다. 베드로는 순전히 하나님의 은혜를 통하여 예수님을 하나님의 아들로 알고 믿게 되었다.

우리의 믿음도 마찬가지다. 우리가 믿는 믿음은 예수 그리스도의 의를 힘입어서, 은혜를 통하여, 하나님께로부터 선물로 받은 것이다. 이제 우리는 베드로가 베드로후서 1장 1절에서 "……시몬 베드로는 우리 하나님과 구주 예수 그리스도의 의를 힘입어 동일하게 보배로운 믿음을 우리와 함께 받은 자들에게 편지하노니"라고 말했을 때 '믿음을 받은 자'라는 말의 의미를 분명하게 이해할 수 있게 되었다. 종교개혁신앙의 입장에서는 믿음은 받는 것이다.

베드로의 삶과 편지를 보아도 그 점을 발견할 수 있다. 베드로는 훌륭한 신앙고백을 했으면서도 여전히 사탄에게 이용당하는 실수를 계속했다. 자신의 의지적 열정으로 예수님을 따르려고 했을 때 베드로는 계속 실패할 수밖에 없었다. 베드로가 신앙고백을 한 후 예수님은 교회를 세울 것을 약속하시고 십자가에서 죽으실 것에 대해서 비로소 선포하셨다. 그때 베드로는 예수님의 그 구원 계획을 말렸다.

"베드로가 예수를 붙들고 항변하여 이르되 주여 그리 마옵소
서 이 일이 결코 주께 미치지 아니하리이다"(마 16:22)

참으로 충성된 베드로의 모습이다. 스승을 보호하려는
베드로의 모습은 종교적으로 대단한 열정을 보일 수 있는
우리의 모습을 연상시킨다. 우리도 하나님과 교회를 위한
다는 명목으로 때로 이런 열심을 보이기도 한다. 그러나 베
드로의 열정이 사탄에게 이용당했다는 것이 곧 드러났다.

"예수께서 돌이키시며 베드로에게 이르시되 사탄아 내 뒤로
물러가라 너는 나를 넘어지게 하는 자로다 네가 하나님의 일
을 생각하지 아니하고 도리어 사람의 일을 생각하는도다"(마
16:23)

베드로의 인간적 의지는 하나님의 일에 도움이 되기는커
녕 오히려 방해거리가 되었다.

나중에 주님께서 십자가에서 죽으시기 전날 밤 베드로가
그분께 보여준 헌신도 주목해 보아야 할 부분이다. 예수님
은 마지막 유월절 식사를 같이한 후 제자들이 모두 예수님

을 버리게 될 것이라고 말씀하셨다. 그때 베드로는 이렇게 말했다.

> "모두 주를 버릴지라도 나는 결코 버리지 않겠나이다……베드로가 이르되 내가 주와 함께 죽을지언정 주를 부인하지 않겠나이다"(마 26:33, 35)

베드로의 충성스런 다짐과 결심은 칭찬할 만하다. 그러나 그의 의지적 결단은 여지없이 무너지고 말았다. 그는 예수님의 예언대로 세 번이나 예수님을 모른다고 부인했다(마 26:69-75).

베드로의 삶을 살펴볼 때, 인간이 구원을 위해 할 수 있는 것이 아무것도 없다는 것을 알 수 있다. 믿음조차도 인간의 공로로 얻을 수 있는 것이 아님이 분명하다. 하나님이 하늘에서 낳고, 죽은 생명을 다시 살리신다. 시몬의 영적 상처는 부활하신 예수님이 갈릴리 바닷가에서 그에게 세 번이나 사랑을 고백하게 하셨을 때 치유되었다.

그렇다면 인간은 의지적으로 할 수 있는 것이 아무것도 없단 말인가? 적극적인 믿음과 삶은 헛된 것이란 말인가?

결코 그렇지 않다. 베드로는 자신의 믿음과 삶이 하나님의 선물임을 분명히 했다. 베드로는 하나님이 우리를 미리 알고(벧전 1:2), 부르고(벧후 1:10), 택하고(벧전 1:2), 거듭나게 하신다(벧전 1:3)는 것을 인정했다. 그리고 그것은 그의 생활을 통해 증명되었을 뿐만 아니라 손수 쓴 베드로전서와 베드로후서 두 편지를 통해서도 확인된다. 오늘날 많은 복음주의자들이 십자가를 통한 구원의 도를 감사하며 즐거워한다. 그런데 그들 중 많은 사람들이 성도의 생활에는 관심이 없다. 이런 사람들을 '흡혈귀 그리스도인'이라고 부르기도 하는데, 이들은 구원을 위해서 예수님의 피만 필요로 하고 예수님은 천국에 가서나 만나고 싶어 할 뿐이다. 이런 명목상의 그리스도인들을 향해 베드로는 어떤 권면을 하고 있는가? 베드로의 권면을 들어보면 그의 신앙과 생활이 얼마나 일치했는지 분명히 보게 된다. 베드로는 하나님의 택함으로 하나님의 자녀가 된 성도들에게 베드로전서와 베드로후서를 통해 구원 그 이후의 삶에 대해 무척 강조하고 있다.

"오직 너희를 부르신 거룩한 이처럼 너희도 모든 행실에 거룩한 자가 되라"(벧전 1:15)

그리스도인은 구원받은 것으로 만족할 수 없다. 세상과 구별된, 하나님을 닮은 거룩한 삶을 살아야 한다.

"너희가 진리를 순종함으로……뜨겁게 서로 사랑하라"(벧전 1:22)

성도는 서로 사랑해야 한다.

"그러므로 모든 악독과 모든 기만과 외식과 시기와 모든 비방하는 말을 버리고 갓난아기들 같이 순전하고 신령한 젖을 사모하라 이는 그로 말미암아 너희로 구원에 이르도록 자라게 하려 함이라"(벧전 2:1-2)

"너희가 이방인 중에서 행실을 선하게 가져 너희를 악행 한다고 비방하는 자들로 하여금 너희 선한 일을 보고 오시는 날에 하나님께 영광을 돌리게 하려 함이라"(벧전 2:12)

베드로는 이외에도 자신이 쓴 편지의 많은 부분을 그리스도인들이 어떻게 살아가야 할 것인가에 대해 권고하는 데

할애하고 있다.

베드로는 베드로후서 1장에서는 보배로운 믿음을 받은 자들이 어떤 신분에 이르게 되었는지에 관하여 적고 있다. 베드로는 그리스도인은 세상의 정욕 때문에 세상에서 썩어질 것을 피하여 '신성한 성품'에 참여할 수 있는 자격을 부여 받았다고 적고 있다.

> "이로써 그 보배롭고 지극히 큰 약속을 우리에게 주사 이 약속으로 말미암아 너희가 정욕 때문에 세상에서 썩어질 것을 피하여 신성한 성품에 참여하는 자가 되게 하려 하셨느니라"(벧후 1:4)

개역성경은 개역개정성경에서 사용한 '신성한 성품'이라는 말 대신 '신의 성품'이라는 말을 사용하고 있는데 '신의 성품'이 더 나은 번역인 듯하다. 그리스도인은 하나님의 아들이기에 맏아들이신 예수님처럼 하나님의 성품을 소유할 수 있게 된 것이다. 죄인의 신분에서는 그 어떤 선도 선한 것이 되지 못하였지만, 이제는 의인(義人)의 신분이기 때문에 선을 행하면 그 선은 선으로 인정받게 된 것이다. 그렇다고 구원받은 의인은 죄를 짓지 않는다는 말은 아니다. 단지 용서받을 수 있는 길이 있다는 것이다. 예수님을 믿지 않는 사탄의 자식은 죄를 용서받을 수 있는 길이 없다.

　그렇다고 해서 그리스도인이 저절로 신의 성품에 참여할 수 있다는 것은 아니다. 신의 성품에 참여하기 위해서는 우리의 자발적인 순종이 필요하다. 이제 하나님의 집으로 입양된 후 성도의 신분이 하나님의 아들로 완전히 변화되었는데, 그 양자로서의 특권을 누리며 살아갈 것인지 아닌지는 우리의 몫인 셈이다. 바로 이 점에서 개혁신앙의 특징이 나타난다. 개혁신앙은 그리스도인이 예수님을 믿음으로써 하나님의 자녀가 되면 신앙의 여정이 끝났다고 여기지 않으며, 오히려 신앙의 여정의 시작이라고 본다. 하나님의 자녀에게는 하나님의 말씀에 순종하며 사는 멋진 삶이 약속되어 있다. 불신자로 있었을 때는 하나님의 말씀이 부담스러웠고 고통을 가져왔고 불편했지만, 하나님의 자녀가 된 후에는 하나님의 말씀을 듣는 것이 기쁨이고 행복이다. 이 특권을 누리며 사는 방법을 베드로가 제시한다. 그 방법이 바로 믿음에 덕을, 덕에 지식을, 지식에 절제를, 절제에 인내를, 인내에 경건을, 경건에 형제우애를, 형제우애에 사랑을 더

하라는 것이다(벧후 1:5-7). 이 여덟 가지 성품은 절대적 목록이 아니다. 바울도 여러 가지 성품 목록을 제시하고 있다. 여기에서 중요한 점은 그리스도인이 하나님의 성품을 닮아 성숙한 단계에 이르러야 한다는 것이다.

만일 그리스도인들이 신앙생활에서 성숙을 향해 나아간다면 어떤 유익을 얻게 되는가? 먼저, 신의 성품에 참여하는 자가 되어 예수 그리스도를 잘 알게 되고 더 나아가 열매를 풍성하게 맺게 된다(벧후 1:8). 또 하나님이 예수님을 통하여 우리의 죄를 용서하신 것을 분명하게 기억할 뿐만 아니라 확신하게 된다(벧후 1:9). 게다가 신앙생활을 하면서 실족(失足)하는 일 없이 우리 주님의 영원한 나라에 넉넉하게 들어가게 된다(벧후 1:10-11). 만약 사람이 하나님의 성품을 닮아가지 못하고 육신의 정욕 때문에 썩어질 세상 풍습과 습관대로 살아가게 되면 그의 삶은 위험해진다. 그는 예수님에 대해 잘 알지 못하고 삶의 열매도 없게 되며, 구원의 확신이 없어진다. 하나님이 예수님을 통하여 죄를 용서해주신 것에 대해 의심이 생기게 된다. 삶이 부족한 그리스도인들이 이 병에 종종 걸리곤 한다. 교회에서 예배할 때에는 하나님의 자녀 같은데, 집이나 일터에서는 마귀의 자녀처럼 살게 된다. 그의 삶이 형편없으니 본인은 물론이고 다른 사람들도 그의 구원에 대해 의심하게 된다. 그 공허함을 채우기 위해 기도원도 가고, 부흥회에 참석도 하고, 신령한 집회를 쫓아다니게 된다. 하나님의 성품으로 채워지지 않은 그 공허한 공간을 채우기 위해 특별한 계기를 만들려 한다. 하지만 그러한 땜질식 처방은 병의 근원을 뿌리 뽑지 못한다. 하나님의 아들로서의 삶을 살아가지 않고 하나님의 성품과 거리가 먼 생활을 하는 사람들은 실족하기 쉽다. 베드로의 권고를 들어보라.

"그러므로 형제들아 더욱 힘써 너희 부르심과 택하심을 굳게 하라 너희가 이것을 행한즉 언제든지 실족하지 아니하리라 이같이 하면 우리 주 곧 구주 예수 그리스도의 영원한 나라에 들어감을 넉넉히 너희에게 주시리라"(벧후 1:10-11)

베드로는 그리스도인들이 의(義)의 도를 안 후에 받은 거룩한 명령을 저버리는 것보다 알지 못하는 것이 도리어 그들에게 나을 것이라고 경고한다(벧후 2:21). 더 나아가 그리스도인들이 자라가야 함을 강조한다(벧후 3:18). 이 모든 것을 종합해볼 때 베드로는 신자들에게 그리스도인으로서 출발한 후 어떻게 살아가야 하는지가 너무나 중요하다고 말하고 있음이 분명하다. 베드로의 이 신앙은 종교개혁가들이 이어받았고 오늘을 사는 우리에게까지 전해졌다. 신앙과 생활은 분리된 것이 아니라 하나이다.

권위의 문제

공경하지 않고, 공격하는 세대

한 어린이가 주일학교에서 십계명 암송대회를 했는데 상을 받지 못해 속상해했다. 또박또박 큰 목소리로 암송을 잘했는데 딱 한 군데 실수를 했다. 다섯 번째 계명을 암송하면서, "네 부모를 공격하라!"라고 했단다. '공경'이라고 해야 할 것을 '공격'이라고 한 것이다. 겨우 받침 하나 틀렸는데 상을 못 받았다고 속상해하는 모습에 웃었던 기억이 있다.

요즈음 어린이들은 부모를 공경하지 않는 것 같다. 자녀가 부모를 공경하는 것보다 공격하는 경우를 종종 본다. 한번은 길을 가다가 초등학교 저학년으로 보이는 남자 어린이가 자신의 엄마를 발로 걷어차는 것을 보았다. 정말 부모를 공격하고 있었다. 집에서도 자기 마음에 들지 않는다고 "엄마 나빠!" "아빠 싫어!"라며 공격하는 어린이들이 있다. 어떤 어린이는 자기의 화를 이기지 못해 "나 죽어버릴 거야!"라며 부모를 협박하기도 한다. 이런 모습은 비단 어린이뿐만 아니라 어른에게서도 자주 발견된다. 어른이지만 어린이같이 행동하는 '어른 아이'를 적지 않게 본다. 연로하신 부모님을 향한 비수 같은 말 한마디는 물리적인 폭력보다 훨씬 더 나쁜 영향을 미칠 수도 있다. 바울은 "말세에 고통하는 때"가 오면 나타날 현상 가운데 '부모를 거역'(딤후 3:1-2)하는 것을 언급했는데, 참으로 말세가 이미 왔다는 생각이 든다. 이런 시대에 권위와 공경을 운운하는 것은 시대를 거스르는 발상이 아닐까?

권위가 사라진 포스트모던 시대

어느 시대에나 권위를 무시하는 사람들이 있었다. 그러나 우리의 시대만큼 권위가 땅에 떨어진 때도 없을 것이다. 근대 과학의 발달과 더불어 이성을 무한 신뢰하던 모더니즘(Modernism)의 시대를 넘어 현재는 아무것도 확신할 수 있는 것이 없다는 포스트모더니즘(Postmodernism) 시대에 접어들었다. 절대적 진리란 없고 오로지 상대적인 것들만이 존중받는 시대이다. 전통보다는 개인의 취향을 더 존중하는 시대에 권위는 설 자리를 잃었다. 개인의 능력과 재능을 신으로 삼고 사는 사람들(합 1:11)이 가득한 시대이다. 이 시대는 더 이상 권위를 인정하지 않는다. 권위가 있다고 한다면 그것은 자신이 만든 힘과 영향력일 뿐이다. 종교의 영역뿐만 아니라 도덕의 영역에서도 이러한 생각이 당연시되는 사회에 우리는 살고 있다.

포스트모더니즘적인 생각을 가진 부모는 위의 권위를 인정하지 않고 자신의 권위를 행사하지도 않으며, 권위 아래 있는 자녀에게 권위를 가르치지도 않는다. 가정에서 권위자인 어른이 사라졌다. 부모는 스스로 권위의 자리에서 내려와 탈권위화(脫權威化) 했다. 그 대신 그 권위의 자리에 아이를 앉혀놓았다. 그리고 아이를 왕처럼 모신다. 부모는 자녀를 시중든다고 물질적인 것뿐만 아니라 정신적 투자도 마다하지 않는다. 이렇게 자란 자녀가 부모의 권위를 알 리가 없다. 부모의 권위를 모르니 부모 공경은 고사하고 부모를 공격하는 비참한 상황이 생겨나고 있다.

부부 관계에도 올바른 권위가 사라지고 있다. 남편과 아내는 동등하지만 하나님 앞에서 분명한 역할(질서)의 차이가 있다. 성경은 남편이 아내의 머리(고전 11:3)라고 하는데 남편은 머리의 역할을 잊고 있다. 아내는 권위자(고전 11:10)인 남편에게 복종하지 않는다. 이런 가정의 문제는 고스란히 교회에도 나타나고 있다. 교회에 나쁜 권위주의가 난무하면서 바람직한 권위까지 버리고 있어 큰일이다. 아이를 목욕시킨 후에 목욕물을 버리려다가 욕조에 있던 아이까지 버린 격이다. 교회에 참된 권위는 꼭 필요하다.

국가의 위정자의 권위(롬 13:1)는 구시대의 유물로 전락하고 있다. 과거 군부독재 정부가 낳은 권위주의의 폐해는 권위 자체에 대한 부정으로 이어지고 있다. 국민들은 권위에 복종하는 것을 싫어한다. 권위자가 억지로 권위를 세우려다 권위주의로 빠지기도 한다. 악순환의 연속이다.

타락으로 일그러진 권위와 순종

어디서부터 권위의 문제를 풀어야 할까? 사실 위에서 지적한 문제는 어제 오늘의 문제가 아니다. 그 역사가 인간의 역사만큼이나 길다. 본래 세상에는 한 권위자만 있다. 그 권위자는 창조주 하나님이시다. 모든 피조물은 그분의 권위에 순종해야 한다. 이것이 창조질서이다. 그런데 피조물인 인간이 감히 창조주 하나님의 권위에 도전했다. 하나님이 인간을 사랑하셔서 생명언약을 주셨는데 그 언약에 순종하지 않고 그 언약을 깨뜨렸다. 하나님의 권위를 인정하지 않고 불순종한 인간은 영적으로 죽어 온갖 비참한 삶을 살게 되었다. 타락한 인간 때문에 권위는 일그러진 권위주의로 전락하고 말았다. 타락한 세상의 권위주의는 힘으로 약자들을 억압하고 착취하는 형태로 왜곡되었다. 이러한 상황에서 온전한 순종은 찾아보기 어렵게 되었고 세상은 오히려 불순종으로 가득하게 되었다.

하나님께서는 일그러진 인간의 모습에도 불구하고 옛 언약을 통해 참 권위와 바른 순종의 모습을 보여주셨다. 하나님께서는 선지자와 제사장과 왕을 세우셔서 그들의 권위에 복종하게 하셨다. 무엇보다 이스라엘 민족을 언약의 백성으로 삼으시고 언약의 말씀인 율법을 주셔서 그 말씀에 순종함으로 하나님의 권위 아래에서 복을 누리도록 하셨다. 이스라엘 민족은 그 율법에 복종하고 순종함으로써 하나님의 권위를 인정해야 했다. 그렇지만 그 권위를 인정하고 온전히 순종할 수 있는 사람은 없었다. 이스라엘 민족은 하나님의 권위의 상징인 언약을 어기고 지속적으로 하나님의 권위에 불순종했다. 타락한 인간은 하나님의 권위에 온전히 순종할 수 없었다. 그것이 구약성경이 가르쳐주는 핵심 교훈이다. 옛 언약은 새 언약이 나타나기를 간절히 바라고 있었다.

권위에 대한 완전한 순종: 예수 그리스도

옛 언약은 참 실체이신 예수 그리스도의 그림자였다. 마침내 예수 그리스도께서 이 땅에 오셨다. 그리스도는 참 권위자이신 성부 하나님의 권위에 복종하시고 그분의 뜻에 완전히 순종하셨다. 하늘의 권세를 버리시고 인간이 되기까지 낮아지시고, 고난당하시고, 십자가에 달려 죽으시고, 장사되셨다. 그리고 부활하시고 승천하셔서 하나님 우편에 앉으셨다. 그곳에서 지금도 우리의 구원을 위해 일하신다. 이 놀라운 예수 그리스도의 구속의 은혜를 성령 하나님께서 우리에게 적용하신다. 그분께서는 효력 있는 부르심으로 우리를 부르시고, 우리를 의롭다 칭하시고, 하나님의 자녀로 입양하시고, 하나님의 자녀답게 거룩하게 하신다. 그래서 이제 그리스도인은 그리스도의 품성을 닮아갈 수 있다. 그리스도인은 그리스도처럼 하나님과 그분이 위임한 권위자에게 순종하고 복종할 수 있다. 그리스도 밖에서는 아무 것도 할 수 없는 자들이었지만, 이제는 그리스도 안에서 모든 것을 할 수 있는 자격과 능력을 부여받았다. 성령 하나님께서 그 일을 도와주신다.

위임받은 권위자

참 권위자는 하나님 한 분 뿐이시지만, 우리가 사는 세상에는 하나님께서 하나님의 권세를 위임하신 사람들이 있다. 하나님께서는 직접 세상을 다스리시는데, 사람을 세우셔서 그 일을 하신다. 하나님께서는 제도를 만들어서 사용하시고 권위자들을 세우셔서 일하신다. 그러므로 모든 그리스도인은 하나님이 세우신 위임된 권위자들에게 순종하고 복종해야 한다. 성경은 이렇게 명령한다.

"너희를 인도하는 자들에게 순종하고 복종하라"(히 13:17)

'인도하는 자들'은 권위자들을 말한다.

"각 사람은 위에 있는 권세들에게 복종하라 권세는 하나님으

로부터 나지 않음이 없나니 모든 권세는 다 하나님께서 정하

신 바라 그러므로 권세를 거스르는 자는 하나님의 명을 거스

름이니 거스르는 자들은 심판을 자취하리라"(롬 13:1-2)

이렇게 하나님은 인간 권위자에게 하나님의 권위를 위임 하셨음이 분명하다. 그러므로 그리스도인은 위에 있는 권위에 순종하고 복종해야 한다.

물론 권위에 순종하는 것은 무조건적인 '맹종'도 아니고 '굴종'도 아니다. 당연히 '권위주의'를 옹호하는 것은 더더욱 아니다. 성경이 가르치는 것은 너무나도 분명하다. '권위 위에 있는 자'는 책임 있는 권위를 행사해야 하고, '권위 아래 있는 자'는 그런 권위자에게 복종하고 순종해야 한다는 것이다. 이것이 이상적인 모습이지만 현실은 정반대처럼 보인다. 많은 그리스도인들이 여전히 옛사람의 모습으로 살아가고 있다. 새사람을 입은 중생(重生)한 그리스도인의 모습이 보이지 않는다. 참으로 안타까운 현실이다.

권위자를 주신 이유

그러면 하나님께서는 그리스도인에게 왜 권위자를 인정

하고 권위에 복종하고 순종하라고 하셨을까? 하나님께서는 십계명 가운데 다섯 번째 계명에서 "네 부모를 공경하라" 고 명령하셨다. 첫 번째부터 네 번째까지의 계명들은 하나님과의 관계에 대한 것이라면, 다섯 번째부터 열 번째까지의 계명들은 이웃과의 관계와 연관된다. 특별히 세상에는 여러 권위자가 있지만 가장 중요한 것이 부모의 권위이다. 그 이유가 무엇일까? 그것은 부모와 자녀의 관계가 다른 모든 삶으로 나아가는 기초가 되기 때문일 것이다. 이것은 가정이 가장 기본이 되는 사회 단위인 것과 무관하지 않다. 가정에서 교회, 교회에서 사회, 사회에서 국가 공동체로 확장되어 가는 중심에 가정이 서 있다. 그러므로 부모에게 순종하는 자녀가 다른 권위에 대해서도 자연스럽게 순종하게 되는 것이다. 하이델베르크 요리문답 104문에서 이 다섯 번째 계명은 단순히 부모에 대한 것뿐만 아니라, "위에 있는 모든 권위에 모든 공경과 사랑과 신실함을 나타내고 그들의 모든 좋은 가르침과 징계에 대해 합당한 순종을 하며"라고 가르친다. 곧 부부 관계, 직장의 상하관계, 그리고 국가의 위정자에 대한 것까지 포함한다.

하나님께서 이렇게 권위자를 두신 이유는 간단하다. 그

것이 하나님의 뜻이기 때문이다. 그들의 손을 통해 우리를 다스리시는 것이 하나님의 뜻이다(롬 13:2,4). 이것을 인정하지 않고 자신의 경험이나 생각, 그리고 시대정신과 사회분위기에 편승하면 하나님의 권위를 거역하는 죄를 짓는 것이다.

그러면 어떻게 할 것인가?

왜 우리는 하나님께서 주신 권위를 인정하고 순종하기가 어려울까? 포스트모던 시대의 영향을 받아서일까? 그럴 수도 있다. 권위를 인정하지 않는 세상에서 권위자에게 순종하는 것은 시대에 뒤떨어진 사람으로 취급받을 수 있다는 불안감 때문일 수도 있다. 이러한 경우에는 시대를 분별하는 지혜를 배워야 한다. 성경을 읽고 하나님의 뜻이 무엇인지 분별한 후 하나님의 뜻에 순종해야 한다. 위임된 권위자를 인정하고 순종하는 것은 시대에 뒤떨어진 생각이 아니라 모든 시대에 통용되는 진리라는 것을 명심하며 따라야 한다.

그런데 시대정신을 따르지 않겠다고 결단하는 그리스도인들조차도 권위에 순종하는 것을 어려워하는 경우가 있다. 그것은 왜일까? 그것은 권위자의 약점과 부족 때문이다. 권위자도 연약한 인간이기 때문에 하나님이 주신 권위를 제대로 잘 시행하지 못하는 경우가 있다. 국가의 위정자가 부패하거나 직무를 유기하는 경우가 매스컴에 보도될 때에는 국가의 위정자에게 순종하고 복종하고픈 마음이 사라진다. 아버지가 자녀들에게 관심을 가지지 않고 폭음을 일삼는다면 아버지의 권위가 서지 않는다. 남편이 가정에 충실하지 않고 밖으로만 나돈다면 아내가 남편의 권위를 세우려고 해도 방법이 없다. 교회에서 목사가 자신의 권위를 세우기 위해 비인격적이고 비성경적인 말과 행위를 일삼는다면 누가 그를 존경하겠는가?

이렇게 권위자가 약점이 있고 부족함이 보일 때 권위 아래 있는 자들은 어떻게 해야 할까? 단순히 그 권위를 무시해도 될까? 그래서는 옳지 않다. 그러한 경우에도 하나님께서 세우신 권위자의 권위를 세워주어야 한다. 하이델베르크 요리문답 104문은 "그들의 약점과 부족에 대해서는 인내해야 한다"고 분명한 지침을 제시한다. 인내하며 권위자의 권위를 인정하고 순종하고 복종해야 한다. 다윗의 훌륭한 점이 바로 이것이었다. 다윗은 하나님께서 세운 왕 사울의 권위를 끝까지 인정했다. 분명히 세상적인 관점에서 보면

기독교 사용 설명서 12 신자의 생활

어리석은 행동이다. 그러나 다윗은 하나님으로부터 위임받은 권위자에게 순종하고 복종했다. 몇 번이나 사울을 죽일 수 있는 기회가 있었지만 다윗은 사울을 죽이지 않았다. 사울이 자신의 권위를 남용하여 다윗을 죽이려 한 것은 분명한 잘못이었다. 그럼에도 하나님으로부터 위임받은 권위는 없어지지 않았다. 결국 때가 되어 하나님께서 사울의 문제를 해결해주셨다. 다윗은 그때까지 인내하며 기다렸다.

권위자에게 순종하고 복종할 때 한 가지 조건이 있다. 그것은 '주 안에서' 행하고 순종하는 것이다. 권위자도 '주 안에서' 권위를 행사하고 권위 아래 있는 자도 '주 안에서' 순종해야 한다(엡 6:1). 예를 들면, 국가의 권위와 하나님의 권위가 충돌될 때 '주 안에서' 선택해야 한다. 베드로와 요한이 복음전도를 금지당했을 때 이렇게 말했다.

"하나님 앞에서 너희의 말을 듣는 것이 하나님의 말씀을 듣는 것보다 옳은가 판단하라"(행 4:19)

여기에는 섬세한 지혜가 필요하다. 여러 복잡한 경우들이 많기 때문이다.

또 세상에는 거짓되고 악한 권세도 있다. 이단에 속한 권위자의 말에 순종할 필요가 없는 것은 당연하다. 그러므로 위에 있는 권세가 하나님께로부터 온 권세인지 아니면 사탄으로부터 온 권세인지를 잘 분별해야 한다. 이것을 옳게 분별하려면 지혜가 필요하다. 성령 하나님의 도우심이 절대적으로 필요하다. 오직 마음을 새롭게 함으로 변화를 받은 사람이 이 세대를 분별할 수 있다(롬 12:2).

권위가 사라진 포스트모던 시대에 지혜로운 자가 되어 권위자에게 복종하고 순종하는 자가 되어야 한다. 그렇게 위임된 권위에 복종하고 순종하는 사람은 참 권위자인 하나님께도 순종하고 복종할 수 있다.

구체적 권위자들에게 순종

부모의 권위와 자녀의 순종

하나님께서는 부모에게 권위를 주셨다. 자녀는 부모에게 순종해야 한다.

"자녀들아 주 안에서 너희 부모에게 순종하라 이것이 옳으니

라"(엡 6:1)

부모의 모습이 자녀의 기대에 미치지 못한다고 하더라도 자녀는 부모에게 순종해야 한다. 요즘 젊은 사춘기 아이들이 부모의 권위를 무시하거나 인정하지 않는 경우가 많다. 참으로 안타깝다. 이러한 것은 그리스도인으로 옳지 않은 행위이다. 아무리 신앙이 좋아 보여도 부모에게 순종하지 않으면 여전히 신앙이 어린 것이다.

부모의 자세는 어떠해야 할까? 순종하지 않는 자녀를 볼 때 한탄 만 하고 뒷짐만 지고 있어도 될까? 그렇지 않다.

"또 아비들아……오직 주의 교훈과 훈계로 양육하라"(엡 6:4)

아이들의 고민과 마음을 읽어주면서 그들을 말씀으로 교훈하고 훈계하며 훈련해야 한다. 이것은 결코 쉬운 일이 아니다. 일관성 있고 지속적으로 인내하며 가르치고 훈련시켜야 권위자에게 순종하는 아이로 만들 수 있다. 그래야 부모의 권위가 서고, 자녀는 그 권위 아래서 기쁨을 가지게 되고 안정감을 가지고 순종한다.

남편의 사랑과 아내의 복종

아내는 남편의 권위를 인정하고 복종해야 한다.

"아내들이여 자기 남편에게 복종하기를 주께 하듯 하라 이는 남편이 아내의 머리 됨이 그리스도께서 교회의 머리 됨과 같음이니 그가 바로 몸의 구주시니라"(엡 5:22-23)

혹시 남편이 부족하여 권위자로서의 역할을 잘하지 못할지라도 그 머리 됨을 인정하고 복종해야 한다. 물론 주 안에서 순종해야 한다.

남편은 하나님으로부터 위임받은 권위를 함부로 사용해서는 안 된다. 아내에게 복종을 요구하거나 강요할 것이 아니라, 하나님께로부터 권세를 위임받은 권위자로서 자신의 의무를 다해야 한다.

"남편들아 아내 사랑하기를 그리스도께서 교회를 사랑하시고 그 교회를 위하여 자신을 주심 같이 하라"(엡 5:25)

한마디로 남편은 자신의 생명을 희생하기까지 아내를 사

랑해야 한다. 이런 남편의 절대 사랑과 아내의 절대 복종이 양쪽에서 이루어질 때 가정에서 천국이 이루어질 것이다.

그리스도께서는 교회 안에 직분자들을 세워 교회를 다스리신다. 다스림의 역할은 목사와 장로가 맡고 있다. 그렇지만 지금은 목사와 장로의 권위가 땅에 떨어졌다. 교회 내외에서 교회의 직분자들로 인한 불미스러운 일들에 대한 소식이 자주 들린다. 참 안타깝다. 직분자들은 자신의 직무를 성실히 잘 수행해야 하고(벧전 5:2-3), 성도는 직분자들을 존경하고 그들에게 순종해야 한다. 바울은 이렇게 가르쳤다.

"잘 다스리는 장로들은 배나 존경할 자로 알되 말씀과 가르침에 수고하는 이들에게는 더욱 그리할 것이니라"(딤전 5:17)

젊은이들은 장로를 존경해야 한다(벧전 5:5). 더 나아가 가르치는 직분자인 목사를 더욱 존경해야 한다. 그들의 지도에 순종하고 복종해야 한다(히 13:17). 이것이 아름다운 교회의 모습이다. 물론 여기에도 '주 안에서'라는 조건이 붙는다.

윗사람의 책임과 아랫사람의 순종

성경은 일터에서 윗사람과 아랫사람의 관계에도 권위와
순종을 가르친다.

"종들아 두려워하고 떨며 성실한 마음으로 육체의 상전에게
순종하기를 그리스도께 하듯 하라"(엡 6:5)

계약에 따라 기계적으로 어쩔 수 없이 순종하라는 의미
가 아니라, 진심으로 기쁜 마음으로 그리스도께 순종하듯
하라고 한다(골 3:22-4:1). 굉장히 어려운 명령이 아닐 수 없
다. 반대로 윗사람은 아랫사람에게 의와 공평을 베풀어야
한다. 그 이유는 최종 권위자이신 하나님께서 그 상전들 위
에 계시기 때문이다. 하나님을 경외하는 마음으로 윗사람
은 자신의 책임을 다하고 아랫사람은 권위에 순종해야 한
다. 여기도 '주 안에서'라는 전제가 있다.

백성은 국가의 위정자들에게 복종하며 순종해야 한다(딛 3:1; 롬 13:1-7). 왜냐하면 하나님께서 그들을 세우셨고 그들에게 권위를 주셨기 때문이다. 국가의 위정자들은 당연히 공의로 백성을 다스려야 한다. 특별히 그리스도인 위정자들이 자신의 소임을 다해야 한다. 물론 정부가 잘못하면 백성은 그것을 지적하고 비판해야 한다. 만약 하나님의 뜻에 어긋나는 명령을 한다면 정부와 권위자에게 불순종할 수도 있다. 그리스도인은 성경도 잘 알아야 하지만 동시에 정치, 경제, 사회, 문화에 대해서도 잘 알고 주의를 기울여 살펴야 한다. 그래야만 바른 판단을 할 수 있기 때문이다. '주 안에서'라는 기준은 많은 지혜를 필요로 한다.

포스트모던 시대를 살아가고 있는 우리 그리스도인들은 그 어떤 때보다 권위에 대한 심각한 도전에 직면하고 있다. 권위를 인정하지 않는 시대일수록 더욱더 성경적 권위와 순종을 배우고 가르치고 실천해야 할 것이다.

Q. 신앙과 삶의 괴리 문제에 대한 자신의 경험과 생각을 말해보세요.

Q. 베드로의 삶에 나타난 배움과 생활의 괴리를 정리해보고 적합한 교리를 정리해봅시다.

Q. 권위와 관련한 포스트모던 시대의 특징을 설명해보세요!

Q. 예수님이 가르치시는 권위의 교훈을 정리해봅시다

제2장
가정생활

제2장
가정생활

수도원에서 가정으로

수도원의 역사와 기여

역사적으로 교회가 화석화되고 형식화되어 생명력과 본질을 잃어갈 때마다 나타난 현상이 교리적 이단의 등장과 생활의 현실도피였다. 초대교회는 핍박 가운데서도 믿음을 지키며 소금과 빛이 됨으로써 로마사회를 복음화했다. 그런데 주후 313년 콘스탄티누스(Constantinus) 대제가 기독교를 공인하고, 주후 381년 테오도시우스(Theodosius) 황제가 기독교를 국교로 정하면서 이러한 상황은 역전되었다. 하지만 교회는 정치적·경제적 편안함 가운데 힘을 얻지 못하고 오히려 영적으로 가난한 길을 걷기 시작했다. 이러한 현상은 중세 천년 동안 계속되었다. 중세시대는 암흑기였다. 교회에서 세례를 받고 예배에 참석하는 것은 사회적 성공을 보장했다. 국가 공무원이 되려면 교회에 적을 두어야 했고, 승진하려면 교회 출석은 기본이었다. 신앙이 좋은 것처럼 여겨지는 것이 사회적 성공을 보장하는 경향들이 생기면서 영적 상태는 더욱 심각하게 병든 상태가 되었다. 주일에 교회는 명목상의 교인들로 가득 찼다. 목사는 회중들의 귀를 즐겁게 하는 것으로 그들과 타협하기 시작했다. 교회의 영적 수준은 계속 뒷걸음질했다.

이런 영적 생활에 실망한 성도들이 세속화된 교회와 사회를 떠나 도피하기 시작했다. 신앙생활을 해야 하는 현실이 너무나 힘들었기 때문에 복잡한 세상으로부터 이탈해 조용한 산이나 사막에서 영적인 수양이나 기도생활에 심취하는 방식이 유행했다. 대표적 인물이 안토니우스(Antonius)이다. 그는 이집트의 한 부자의 아들이었는데, 그가 자신의 재산을 다 팔아서 가난한 자들에게 나누어 준 뒤에 사막으로 들어가 은둔하면서 금욕생활을 것이 수도원 생활의 효

시가 되었다. 그의 뒤를 이어 동방에서는 수많은 수도사들과 수도원들이 생겨났다. 마치 동양에서 불교가 속세를 떠나 인적이 드문 산으로 숨어들어가 도를 추구하는 것과 비슷하다.

그 후 서방에서도 수도원이 발전했는데, 본격적인 수도원의 틀을 놓은 것은 베네딕트 수도원이었다. 이 수도원은 수백 년 동안 그 명맥을 유지해온 수도원으로 이름나 있다. 주후 480년경 누르시아(Nursia)에서 태어난 베네딕트는 스무 살에 속세를 떠나 수도원 생활을 시작했고 결국 성공했다. 동방의 수도원들이 신비적이고 개인적인 극단적 금욕 생활을 추구했다면 베네딕트 수도원은 실천이 가능했던 질서와 규범을 통한 지혜로운 수도생활을 추구했는데 이것이 이 수도원이 성공을 거둔 이유였다. 예를 들면, 사막에 있었던 동방교회의 수도원은 빵과 소금과 물만 먹었지만 베네딕트 수도원은 수도사들에게 하루에 두 끼씩 식사를 제공하였고 철을 따라 싱싱한 과일들과 채소들도 공급했다. 매일 적당량의 포도주도 허락했고 침대와 요와 베개를 허용했다. 이런 수도원의 규율과 질서는 누구나 호감을 가질 만한 것들이었다. 종교적 열정이 있는 많은 사람들이 이 수도원에

종신서약을 하고 헌신했다.

이 베네딕트 수도원에서 특별히 눈에 띄는 중요한 요소가 있다. 그것은 '순종의 실천'이다. 수도사들은 속세에 살 때와는 달리 수도원에 들어오는 순간 순종을 실천하겠다는 다짐을 한다. 그렇게 훈련받고 평생 그렇게 산다. 그들은 수도원장에게 순종하는 훈련을 함으로써 하나님에 대한 순종을 실천한다. 수도원장에게 순종하는 것이 곧 하나님에게 순종하는 것이라 여긴다. 수도원장은 그리스도의 대리자이다. 이렇게 수도원의 질서가 세워진다.

또 모든 수도사들은 수도원장에게 '즉각' 순종해야 한다. 수도사는 다른 생각을 가지고 있더라도 그것을 내려놓고 수도원장의 말씀에 즉각 복종한다. 이것은 기본이다. 물론 불순종의 분명한 근거가 있을 때에는 이유를 설명해야 하지만, 수도원장이 뜻을 굽히지 않을 때는 무조건 수도원장에게 순종해야 한다. 그렇다고 수도원장이 무자비한 독재자가 될 수 있다는 말은 아니다. 수도원장 자신도 하나님과 규율에 따라야 한다. 본래 수도원장이라는 영어 단어는 'abbot'인데, 이것은 아람어 '아버지' 혹은 '아빠'에 해당하는 'abba'에서 유래했다. 수도원장은 자비로운 아버지였다.

그리고 순종을 할 때는 무엇보다 '투덜거림'이 없어야 한다는 대목이 돋보인다. 순종을 하지만, 마음으로 복종하지 않으면 기쁨도 없고 투덜거리거나 불평을 하게 된다. 그것은 순종이 아니다.

또 한 가지는 '권징'이 엄격했다는 것이다. 잘못을 하거나 죄를 지으면 두 번의 권면이 있은 후 또 반복하게 되면 공개적으로 문책한다. 그래도 잘못을 저지르면 공동식사를 금지하거나 하는 방식으로 다른 수도사와 접촉을 금지시키고, 여전히 회개한 것 같지 않으면 채찍으로 처벌하고, 그 후에도 개선의 여지가 없을 때는 수도원에서 추방한다. 그렇지만 추방당한 수도사가 회개하면 받아주었는데 세 번까지만 허용했다.

그 외에도 수도원에서는 노동을 강조했고, 기도생활, 성경 읽기, 서로 죄를 고하는 것들이 있었다.

이러한 수도원 운동은 중세 기독교의 명맥을 유지하는 중요한 역할을 했다. 영적으로 어두운 시대에 수도원은 한 줄기 빛과 같았다. 중세의 수도원 운동은 종교개혁으로 나아가는 가교(架橋) 역할을 한 것도 사실이다. 그러나 그럼에도 불구하고 그러니 지금도 수도원이 필요하다고 하면 곤란하다.

수도원 밖의 빈약한 경건

안타까운 것은 이런 삶의 양식이 수도원에만 머물러 있었다는 점이다. 일반 사회의 성도는 신앙과 삶이 분리된 이원론적 삶을 살았다. 그들은 대체로 영적으로 매우 빈곤했다. 순종하지 않고, 투덜거리고, 교회는 권징을 행하지 않고, 가정에서도 부모들은 자녀들을 훈련하지 않았다. 이런 고상한 삶은 수도원에서 특별한 사람들이나 하는 것으로 여겼다. 속세에서는 보통의 삶을 영위하는 것으로 만족했다. 구약시대에는 나실인이 특별하게 구별된 삶을 살았는데, 수도사들이 그들과 같은 역할을 한다고 생각한 것이다.

수도원에서 가정으로

종교개혁은 바로 이 수도원의 삶을 보통의 그리스도인들에게 되돌려주었다. 수도원에 갇혀 있던 경건을 모든 그리스도인에게 옮겨놓았다. 아니 수도원의 거룩한 삶을 모든 그리스도인들에게 요구한 것이다. 그것이 만인제사장적 복음이다. 만인제사장 개념을 잘못 해석한 사람들은 모든 성도들이 설교할 권한이 있고, 성찬을 집례하거나 안수할 자격이 있다고 주장한다. 그러나 루터(Martin Luther)가 본래 처음 만인제사장직을 언급했을 때에는 신부나 성인들의 도움 없이 하나님 앞에 홀로 설 수 있고 또 그렇게 살아야 한다는 것을 의미했다. 제사장이 하나님 앞에서 거룩한 삶을 살아야 하는 것처럼 모든 성도들은 수도원에서 사는 수준의 삶의 질을 영위해야 한다는 것이었다. 그래서 마틴 루터는 수녀원에서 고생하던 수녀와 결혼해 가정을 꾸렸다. 루터의 아내는 가정에서 경건한 삶을 이루었다. 가정이 수도원이 된 것이다. 남편과 아내와 자녀들은 서로의 관계 속에서 수도원에서 요구하는 삶을 실천했다. 가정에서 기도하고, 성경을 읽고, 하나님의 말씀을 묵상했다. 루터는 식탁에서 식사를 한 후 성경을 읽거나 요리문답을 가르쳤다. 물론 신앙적 토론도 이어졌다. 수도원에서 하던 일을 가정에서 지속했던 것이다.

가정 경건회

가정예배는 수도원의 대표적인 경건훈련을 가정으로 옮겨온 것이다. 매일 수도원에서 예배를 드린 것처럼, 성도가 가정에서 매일 예배를 드릴 수 있다. 찬양과 기도와 말씀 읽기가 수도원의 주된 일이었던 것처럼, 매일 가정에서 가정예배를 통해 수도원의 삶을 누릴 수 있다. 아니 수도원의 삶을 가정으로 가져와야 한다. 수도원에서 하루 세 번 예배하는 전통대로 가정에서 매일 식사 때마다 가정예배를 할 수 있다. 이런 전통을 만든 종교개혁의 후예들이 바로 네덜란드 개혁교회이다. 그들은 지금도 매일 세 번 가정예배를 한다. 하루 두 번 가정예배를 하는 전통을 만든 교회도 있다. 스코틀랜드 장로교회와 영국의 청교도들이다.

지금은 신앙교육이 주일학교에 맡겨지면서 가정에서의 신앙교육이 잘 이루어지지 않고 있는 것이 현실이지만 이것은 반드시 바뀌어야 할 문화이다. 적어도 매일 한 번은 온 가족이 모여 앉아 가정에서 성경을 읽고 찬송하고 기도하는 시간을 가져야 한다. 이것이 그리스도인의 본분이다.

집안일 하기

가정에서 아이들이 집안을 청소하고, 음식 만드는 일을 도와주고, 공부를 하는 행위는 바로 수도원에서 하는 노동과 같다. 아이들도 반드시 가정을 위해 해야 하는 일들이 있어야 좋다. 공부에 시달린 아이들에게 컴퓨터나 TV는 허용하면서 가사 일을 시키는 않는 것은 아이들을 위하는 것이 아니다. 가사 일을 하면서 아이들은 가정의 일원임을 느낄 것이다. 더 나아가 부모를 돕고 섬기는 것을 배우게 된다.

권징과 체벌

수도원에서 권징이 엄격했던 것처럼 가정에서도 체벌은 필요하다. 물론 사랑의 마음을 전제로 한다. 아이를 노엽게 하는 권징은 역효과를 낼 것이다. 권징은 필요하다. 가정에서 잘못하는 것에 대한 권징이 없으면 방자한 아이가 되고 말 것이다. 자녀들에게 순종을 요구하고 훈련해야 한다. 즉 각적 순종을 가르쳐야 한다. 마음씨 좋은 부모들이 종종 욕망을 허용하면서 아이들의 성품을 망가뜨린다. 그런 아이는 불순종하는 아이로 훈련되고 있음을 잊지 말아야 한다. 수도원에서는 이런 행위를 용납하지 않았다. 순종은 행동뿐만 아니라 마음까지 요구한다. 즐거운 마음으로 복종해야 참 순종이다.

순종을 요구했을 때 마음에 들지 않는다고 투덜거리는 행위도 넓은 마음으로 이해하는 부모들이 많다. 그러나 그 것도 용납되어서는 안 된다. 투덜거림은 아이에게 나쁜 습관을 만들게 된다. 순종하는 것이 아이에게 결과적으로 좋다. 기쁜 마음으로 순종하지 않고 불순종하면 오히려 독이 될 뿐이다.

중세 수도원의 삶을 보면서 우리가 살아가는 이 시대의 가정을 생각해본다. 수도원을 가정으로 가져오면 최고의 삶이 펼쳐질 것이다.

다음 세대 신앙교육

교회마다 다음 세대의 신앙교육이 화두다. 신앙교육에 대한 관심은 대체로 교회성장과 관련이 있다. 이는 한국에서 교회성장이 멈춘 후 탈출구를 찾아보려는 시도 가운데 등장한 관심사다. 하지만 다음 세대의 신앙교육이 단지 방법론에만 국한된 것일까? 언약신앙을 생각한다면 그렇게 말할 수 없다. 하나님이 언약을 맺을 때 언약당사자의 자녀와 그 후손과도 관계를 맺으셨다. 이 언약은 교육이라는 방식으로 다음 세대에 전달되어야 했다(창 17:9).

"여호와께서……우리 조상들에게 명령하사 그들의 자손에게 알리라 하셨으니"(시 78:5)

자녀의 신앙교육은 부모에게 주어진 명령이다(신 6:4-9).

그동안 한국 교회의 신앙교육은 주일학교에서만 이루어졌다. 안타깝게도 최근 주일학교는 그 역할을 제대로 감당하지 못하고 있다. 주일학교의 학생들도 줄었고 교사의 열정도 찾아보기 힘들다. 발전한 스마트폰과 컴퓨터가 아이들의 마음을 모두 사로잡아 버렸다.

이제는 다음 세대의 신앙교육을 근본적으로 다시 생각해야 한다. 주일학교의 교육에만 의존하던 신앙교육을 탈피해야 할 때가 되었다. 다음 세대의 신앙교육을 위해 가정과 학교, 그리고 교회의 역할을 바로 회복해야 한다. 그 회복을 위해 첫째, 가정이 자녀의 신앙교육을 위해 분연히 일어서야 한다. 가정예배를 시작해야 한다. 그리고 둘째, 교회는 세대가 분리된 예배를 중지하고 세대가 함께하는 예배를 회복해야 한다. 예배만큼 좋은 신앙교육은 없다. 더 나아가서 셋째, 기독교 학교를 설립하고 운영해야 한다. 지금이 바로 다음 세대의 신앙교육에 대한 패러다임을 새롭게 정리해야 할 때다. 이 글은 다음 세대 신앙교육에 대한 근원적 접근이다. 돌파구를 찾고 가능한 대안을 제시한다.

신앙교육의 외통수, 주일학교

지금 한국 교회의 신앙교육은 주일학교에서만 이루어지고 있다. 주일학교가 유일한 신앙교육의 장이다. 주일학교는 '신앙교육의 외통수'이다. 가정과 학교에서는 신앙교육이 거의 이루어지지 않고 있다. 이 부분에 대해 살펴보자. 신앙교육은 세 영역에서 주로 이루어진다. 가정·학교·교회이다.

첫째는 가정이다. 자녀가 태어나 양육받고 독립하는 곳은 가정이다. 신앙도 가정에서 전수받고 훈련되고 자란다. 특히 언약신앙을 믿는 부모는 자녀에게 언약신앙을 전수해 줄 의무와 책임이 있다. 장로교인은 자녀에게 유아세례를 받게 할 때 자녀를 신앙으로 잘 양육하겠다고 서약한다. 하지만 한국 교회의 성도의 가정에서 신앙교육이 제대로 이루어지고 있을까? 긍정적인 답을 내리기가 어렵다. 매일 가정예배를 하는 가정이 몇 가정이나 될까? 거의 찾아보기 힘들다. 가정에서의 신앙교육이 부실하다.

둘째는 학교이다. 한국 교회는 기독교 학교 경험이 별로 없다. 단지 선교를 위한 미션스쿨만 알고 있을 뿐이다. 대부분의 그리스도인 자녀들은 공교육을 받고 있다. 그들은 성경적 세계관으로 교과목을 배울 기회를 갖지 못한다. 우리의 자녀들은 무신론적 진화론에 근거해 만들어진 인본주의 지식을 중심으로 교육을 받는다. 일반화의 오류를 각오하고 말한다면 우리 아이들이 학교 공부를 잘하면 잘할수록 무신론자가 될 가능성이 높아진다. 학교에서 신앙교육이 이루어지지 못하고 있다.

셋째는 교회이다. 가정과 학교에서의 신앙교육을 받지 못하는 중에 주일학교가 그 모든 책임을 고스란히 다 떠안게 되었다. 이러한 상황에서 주일학교의 신앙교육은 매우 중요하다. 주일학교가 신앙교육에 있어서 상대적으로 무거운 책임을 지고 있다. 사실 지금까지도 다음 세대의 신앙교육은 주일학교가 도맡아 해왔다. 여전히 한국 교회의 주일학교는 다음 세대의 신앙교육을 위한 유일하고도 최고의 방법이다. 어쩌면 주일학교가 있기에 아직도 한국 교회는 희망이 있다고 볼 수도 있다. 그런 의미에서 주일학교는 다음 세대의 신앙교육을 위한 외통수이다.

주일학교의 문제

주일학교가 신앙교육에 있어서 외통수로 서 있다는 점

은 결코 좋은 징조가 아니다. 최근 주일학교에는 짙은 먹구름이 드리워져 있다. 상황이 매우 어렵다. 주일학교를 통한 신앙교육을 기대하기 어려운 상황으로 치닫고 있다. 학생들이 적거나 없어 주일학교가 아예 없는 교회도 많다. 2015년 발표된 통계에 의하면 장로교회(통합) 전체 8,383개 교회 가운데 50% 정도가 주일학교를 운영하지 않는다. 영아부가 없는 교회도 무려 78%나 된다고 하니 문제가 심각하다. 같은 해 부산 성시화운동본부가 실시한 전수조사를 보면 무려 전체의 삼분의 이에 해당하는 교회가 주일학교를 운영하지 않고 있다고 한다.

사회 전체적으로 저출산 문제가 심각한 것도 영향이 있다. 학교에 학생이 줄어들고 있다. 교회에도 그 영향이 고스란히 연결된다. 아이들의 숫자가 급격히 줄고 있다. 현대인은 이전 세대에 비해 종교에 대해 관심조차 가지지 않게 되었다. 물질적 부유함이 영적인 가난을 낳고 있다. 전도하기가 예전 같지 않다. 일주일에 한 시간 하는 주일학교 교육만으로는 세속화의 물길을 거슬러 올라가기에 역부족이다. 교회의 어린이는 교회에서조차 신앙교육을 제대로 받지 못하고 영적인 배고픔과 목마름에 허덕이다가 급기야 교회를 떠난다.

교회는 이제야 위기를 깨닫고 아우성을 치지만 속수무책이다. 문제의 원인은 무엇일까? 이 문제를 해결할 대책은 없는 것일까? 어디서부터 문제를 해결해야 할까? 땜질식 처방이 아니라 근본적인 대책은 없는 것일까?

주일학교의 정체성 재고

한때 주일학교는 한국에서 교회부흥의 기폭제 역할을 했다. 지금도 주일학교 시절에 교회 다닌 기억 때문에 나중에 교회를 찾는 사람들이 있다. 하지만 지금의 주일학교는 여러 면에서 예전과 다르다. 한국사회에서 교회의 위치도 달라졌다. 풍요로운 삶을 가져다준 경제의 성장은 신앙의 빈곤을 생산하고 있다. 주일학교만으로 신앙교육이 제대로 될까 하는 의구심도 든다.

한국 교회에서 주일학교의 위치와 역할과 정체성을 새롭게 정리할 때가 되었다. 이제 주일학교가 다음 세대의 신앙교육을 모두 책임지겠다는 생각 자체를 포기해야 할 때가 되었다. 2014년 미국에서 『주일학교가 교회를 죽이기 전에 주일학교를 없애자』(Let's kill the Sunday School before it kills the Church)라는 책[*]이 출판되었다. 미국 교회에서 주일학교의 역할이 다했다고 본 것이다. 주일학교가 다음 세대를 위한 신앙교육에 도움은커녕 오히려 독이 되고 있다는 말한다. 본래 주일학교는 믿지 않는 어린이들을 교육하는 것이 목적이었다. 그렇게 출발한 주일학교는 영국과 미국을 휩쓸었던 부흥운동의 흐름과 함께 비약적인 발전을 하였다. 주일학교가 선교와 복음화에 기여한 바가 큰 것도 사실이다. 하지만 200여년이 지난 지금 다시 한 번 주일학교를 살펴보았더니 주일학교의 부흥과 성장이 가정예배와 가정에서의 신앙교육을 쇠퇴하게 만드는 역효과를 낳고 말았다는 것이다. 주일학교 교육이 융성할수록 가정에서의 신앙교육은 점점 사라져갔다. 가정예배가 사라진 것이 모두 주일학교 탓이라고 할 수는 없다. 하지만 전혀 영향이 없었다고 말하기는 어렵다.

주일학교 교육은 이제 다음 세대의 신앙교육에 있어서 그 독보적인 자리를 내려놓아야 할 때가 되었다. 주일학교

---

[*] Rich Melheim & Friends, *Let's kill the Sunday School: before it kills the Church*(Faith Inkubators 2014).

는 가정과 학교와 함께 다음 세대의 신앙교육을 담당해야 한다. 주일학교는 더 이상 홀로 신앙교육의 모든 짐을 감당할 수 없게 되었다.

새로운 개념의 신앙교육

지금까지 신앙교육하면 주일학교를 떠올렸지만, 이제는 신앙교육하면 주일학교뿐만 아니라 가정과 학교까지 머리에 떠올려야 한다. 새로운 개념의 신앙교육에 대해 소개해 본다.

가정에서의 신앙교육

가정과 교회가 언약의 자녀에 대한 신앙교육을 주일학교에만 전적으로 맡겨버린 것이 문제의 발단이었다. 하나님의 말씀인 성경을 보면, 하나님은 부모에게 그들의 자녀들의 신앙교육의 책임을 맡기셨다. 가정에서의 신앙교육은 교육의 기본이기 때문에 이제 가정이 신앙교육의 중심이 되어야 한다. 이제는 교회가 가정에 신앙교육의 역할과 기능을 돌려주어야 한다. 교회 중심의 신앙교육을 가정 중심의 신앙교육으로 재편해야 한다. 교회는 부모가 자신의 자녀를 신앙으로 교육하도록 격려하고 가르쳐야 한다. 부모가 가정에서 자녀를 신앙 안에서 교육하지 않으면 자신들의 직무를 유기하고 있음을 분명히 가르쳐야 한다. 목사와 장로는 심방을 할 때 이 점을 확인하고 격려하며 권면해야 한다.

가정마다 매일 가정예배를 드리도록 해야 한다. 이를 통해 자녀에게 언약의 말씀을 전수해줄 수 있기 때문이다. 아브라함은 자녀에게 언약의 말씀을 가르쳤다. 이스라엘은 언약의 말씀을 가정에서 자녀에게 가르침으로 언약의 복을 유산으로 받고 전달했다(신 6:4-9). 이 원리는 새 언약의 시대에도 변함없이 이어져야 한다.

학교에서의 신앙교육

신앙교육은 학교에서도 이루어져야 한다. 한국에는 미션스쿨이 있었다. 학교에서의 신앙교육은 미션스쿨의 전유물이었다. 채플과 성경 수업이 그것이다. 한국 선교초기에 미션스쿨이 신앙교육에 기여한 공로는 크다. 하지만 미션스쿨은 그 역할을 이미 다한 지 오래다. 미션스쿨에서의 신앙교육은 오히려 역효과를 내고 있을 정도다. 지금은 새로운 개념의 기독교 학교가 필요한 때이다.

신앙교육을 위한 기독교 학교를 소개하고자 필자는 2009년 『기독교 학교 이야기』(SFC, 2009)라는 책을 출간했다. 우리의 자녀들은 일주일에 5일, 다시 말하면 한 주의 대부분의 시간을 학교에서 보낸다. 학교에서 무엇을 배우고 무엇을 듣는가는 중요하다. 성경과 교리를 가르칠 뿐만 아니라 성경적 관점에서 교과내용을 가르치고, 기독교 세계관으로 학교를 경영하는 기독교 학교가 필요하다. 물론 기독교 학교의 학생은 교인의 자녀이다. 불신자를 모아 선교를 위해 학교를 경영하는 것이 아니라 신앙교육을 위해 신자의 자녀를 모아 교육하는 개념의 학교이다. 한국 교회는 아직 이러한 형태의 학교를 경험해보지 못했다. 하지만 네덜란드 개혁교회는 아주 오래전부터 이런 학교를 세워 운영해오고 있다. 지금은 미국에도 수많은 기독교 학교가 세워져 운영되고 있다. 신앙교육은 학교에서도 이루어져야 한다.

이렇게 주일학교의 전유물이었던 신앙교육을 학교도 나눠 가져야 한다. 지역교회가 노회별로 연대해서 이런 학교를 세울 수 있다. 여유 있는 교회의 교육관을 활용할 수 있을 것이다. 부모들이 자녀들의 신앙교육을 위해 헌신해야 할 때가 왔다.

주일학교 교육은 그동안 일반 공교육의 아동발달 단계에 따라 신앙을 교육해 왔다. 성경과 교리를 계단처럼 단계별로 정리해 좋은 주일학교 교재도 만들었다. 각 교회나 교단별로 커리큘럼이 만들어졌다. 영아부 · 유아부 · 유치부 · 유년부 · 초등부 · 소년부 · 중등부 · 고등부의 단계가 있다. 주일학교 교사는 이 단계에 따라 신앙을 가르치면 되었다.

하지만 학교의 교과목 지식처럼 신앙 지식도 단계를 만들 수 있을까? 성경 지식의 이해는 나이의 단계에 따라 난이도를 조절할 수 있지만 믿음 곧 신앙교육은 단순한 지식 교육과 차이가 있다. 믿음은 수량화하기가 어렵다. 아이의 믿음이 어른보다 더 나을 수도 있다. 예수님은 "너희가 돌이켜 어린아이들과 같이 되지 아니하면 결단코 천국에 들어가지 못하리라"(마 18:3)고 말씀하셨다. 신앙은 단순한 지식이 아니라 총체적으로 접근해야 할 그 무엇이다. 신앙은 지 · 정 · 의가 통합된 형태로 진행되어야 한다.

지금 한국 교회는 예배 때 자녀들과 부모를 분리한다. 아이에게 맞는 교육을 한다는 명분으로 자녀는 부모를 떠나 따로 예배한다. 아이가 흥미 있어 하고 좋아한다는 교육학적 논리 때문이기도 하다. 물론 자녀가 없는 예배를 부모도 편해 한다. 과연 이것이 온전한 신앙교육을 위해 좋은 방법일까? 세대가 분리된 예배가 과연 신앙교육에 유익할까? 필자는 분리된 예배가 통합된 예배보다 심각한 영적 문제를 낳는다고 본다. 세대통합예배가 절실하다.

사실 주일학교의 예배는 예배학적으로도 어불성설이다. 주일학교는 말 그대로 학교일뿐 교회가 아니다. 학교의 역할은 예배가 아니라 학습이다. 예배는 교회의 공예배를 말한다. 예배는 부모와 자녀가 함께하는 것이 옳다.

주일학교에서 자녀만 따로 예배함으로써 자녀들은 부모와 신앙이 단절되고 말았다. 오전과 오후예배는 어른의 전유물이 되어 버렸다. 심지어 '어른 예배'라는 말이 생길 정도다. 규모가 있는 교회에 어린이를 데리고 오전예배에 참석하려면 안내위원들과 실랑이를 벌여야 하는 웃지 못할 광경이 종종 벌어진다. 언제부터 어린이가 공예배로부터 배제된 것일까? 근대 주일학교가 생겨나면서 생긴 기현상이다. 다음 세대의 신앙교육을 생각한다면 이것을 그대로 방치할 수 있을까? 물론 모든 세대가 한 번에 예배할 수 있는 공간과 장소가 부족하다고 할 것이다. 하지만 생각해보면 방안이 없는 것도 아니다. 공예배 숫자가 늘어나면 몇 부로 나누어서 예배하지 않는가? 그처럼 방법은 찾아보면 얼마든지 있다. 숫자가 많으면 교회를 작게 나눠 분리하는 방안도 있다.

그뿐만 아니라 지금의 주일학교 시스템 안에서는 다음 세대가 은혜의 방편인 성찬과 세례를 배우고 경험할 기회가 전혀 없다. 입교교육을 하고 공적으로 신앙을 고백하고 입교한 후 성찬식에 참여하게 된다. 그러나 지금의 현실에서는 입교를 하고 난 후에도 부모와 함께 소위 어른 예배에 참석하지 않기 때문에 성찬식에 참여할 기회가 없다. 이런 점은 신앙의 근본적 측면을 무시하는 것이다. 더 나아가 은혜의 방편인 성례를 다음 세대에게 제공하지 않고 있다. 이런 상태에서 신앙교육이 제대로 되고 있다고 말할 수 있겠는가?

다음 세대 아이들을 공예배에 참석시켜야 한다. 그렇게 하려면 주일학교에 대한 과감한 정체성 정리와 주일학교의 개혁이 필요하다.

물론 한국 교회에서 주일학교를 당장 없앨 수는 없다. 주일학교는 아직도 필요하다. 가정에서 신앙교육을 시키지 못하거나 하지 않는 가정이 많기 때문이다. 하지만 주일학교에 모든 것을 맡기지는 말아야 한다. 가정과 교회, 그리고 학교가 그 역할을 분담해야 한다. 균형 잡힌 신앙교육이 필요하다는 뜻이다. 가정은 가정의 역할을, 교회는 교회의 역할을, 학교는 학교의 역할을 감당해야 한다. 신앙교육에 있어 이 세 가지 영역이 균형 있게 자기 역할을 감당할 때 비로소 교회의 다음 세대에 희망이 있을 것이다.

교리교육의 필요

요즘은 다음 세대가 성경을 잘 읽지 않는 것도 문제지만 근본적으로 복음의 핵심을 체계적으로 배우지 못하는 경우가 많다. 어릴 때부터 교리문답을 가르치는 것이 좋다. 아이에게 신앙에 대한 의심이 들기 전에 답을 미리 주는 지혜가 필요하다. 많은 부모들이 말하기를 아이들 스스로 질문할 때까지 기다렸다가 가르치는 것이 교육의 효과가 가장 좋다고 주장한다. 그러면서 신앙교육을 등한히 하거나 미룬다. 이것은 매우 위험한 생각이다. 이것은 부모가 자녀에게 자신들이 누구인지 각인시키고 세뇌하듯 '아빠! 엄마!'를 반복해서 가르쳐서는 안 된다고 주장하는 것과 같다. 아이 스스로 엄마 아빠를 알아보고 '아빠 엄마'라고 부를 때까지 기다려야 한다고 말하는 부모는 없을 것이다.

장로교회라면 웨스트민스터 소요리문답을 어릴 때부터 가르쳐야 한다. 한국 교회가 교리문답 교육을 하지 않음으로써 부실한 그리스도인을 양산하고 있다. 아이들에게 소요리문답의 질문과 답을 암송하게 하고, 질문을 하게 하고, 성경에서 그 답을 찾아보게 하는 교리문답 교육을 교회가 시작해야 한다.

요즘 한국 교회의 다음 세대 신앙교육이 핫 이슈이다. 하지만 그럴듯한 대안은 없어 보인다. 지금의 한국 교회는 고령화된 지 이미 오래다. 노인들이 가득한 교회가 꽤 많다. 소위 말하는 전통적인 교회는 미래가 없어 보인다. 교회를 개척하면 다음 세대를 위한 교육에 많은 관심을 기울어야 한다. 그것이 교회를 젊게 만들 것이다. 다음 세대 교육이 개척교회의 기본 방향이 되어야 할 것이다.

Q. 중세 수도원의 삶의 특징은 무엇입니까?

Q. 종교개혁이 가져다 준 수도원과 가정생활의 변화는 무엇입니까? 그리고 오늘 우리의 가정생활의 문제와 극복 방안을 서로 얘기해 봅시다.

Q. 주일학교 이외의 영역에서 어떻게 신앙교육을 강화할 수 있을까요?

Q. 세대통합예배와 교리교육의 필요성에 대해 얘기를 나누고 실천 방안을 찾아봅시다.

제3장
교회생활

제3장
교회생활

도전받는 교회 전통

한국 교회, '전통'이 있기나 한가?

당연한 이야기지만 130여 년 전에 외국 선교사들이 한국에 처음 들어왔을 때 한국 교회는 피선교국이었다. 그러나 지금은 세계에서 두 번째로 많은 선교사를 파송하는 선교국이다. 한국 교회는 더 이상 어린이가 아니라 성인이다. 이제 한국 교회도 물려줄 전통이 있는 시기에 이르렀다고 볼 수 있다. 그렇지만 과연 한국 교회에는 전통이 있기나 한 것일까? 한국 교회가 어떤 전통을 가지고 있다면 그것은 대부분 우리에게 선교를 했던 나라들에서 형성된 것일 가능성이 많다. 한국에 왔던 선교사들은 대부분 미국, 캐나다, 호주 출신들이었다. 가장 많은 선교사를 보낸 나라는 역시 미국이었다. 한국 교회가 가진 전통은 대부분 미국 교회로부터 받은 것들이다. 한국 교회의 예배의 모습, 주일성수의 모습, 삶의 형태는 이런 배경을 떠나서 생각할 수 없다.

그럼에도 한국 교회는 한국 교회만의 고유한 전통도 가지고 있다. 한국이라는 독특한 정황 가운데 세워진 한국 교회는 세계의 다른 교회와 구별되는 문화를 형성했다. 새벽기도, 권사제도, 직제의 위계, 금주금연 문화, 그리고 장례 문화도 세계 교회에서 찾아보기 힘든 특이한 모습이다. 이런 것들이 한국 교회의 고유한 전통이라고 볼 수 있다. 한국 교회도 이제 물려받고 물려줄 수 있는 '전통'을 말할 수 있는 나이가 되었다. 물론 모든 전통이 좋은 것이 아니고 모든 전통이 나쁜 것도 아니다. 좋은 전통은 이어가고 나쁜 전통은 개혁하거나 버려야 할 것이다. 어쨌거나 이제 한국 교회의 전통을 얘기할 때가 되었다는 것은 아무도 부정하지 못할 것이다.

성경의 전통

구약성경에 보면 이스라엘 백성이 족장시절부터 물려받은 좋은 전통을 버리고 새로운 우상과 언약을 맺고 우상숭배를 일삼았다. 이것은 나쁜 전통이다. 물론 이스라엘 역사 가운데 교회 개혁의 전통들도 없지 않았다. 신약성경에 보면 예수님께서는 '장로들의 전통'(마 15:2-3)이 잘못되었다고 말씀하셨다. 때로는 '사람의 전통'(막 7:8)이 하나님의 계명과 어긋난다고 하셨다.

"너희가 전한 전통으로 하나님의 말씀을 폐하며……"(막 7:13)

예수님이 '사람의 전통'을 싫어하신 것처럼 보이기도 한다. 그러나 성경은 무조건 전통을 싫어하지 않는다. 단지 잘못된 전통을 거부할 뿐이다. 성경은 오히려 좋은 전통은 이어가도록 권고하고 있다. 바울은 고린도교회에 보낸 편지에서 좋은 전통을 지키는 성도를 칭찬한다.

"내가 너희에게 전하여 준 대로 그 전통을 너희가 지키므로

너희를 칭찬하노라"(고전 11:2)

그리고 전통을 따를 것을 적극적으로 권한다.

"그러므로 형제들아 굳건하게 서서 말로나 우리의 편지로 가
르침을 받은 전통을 지키라"(살후 2:15)

'전통'은 영어로 '트래디션'(tradition)인데, 이 낱말은 라틴
어 '트라디치오'(traditio)에서 유래하였다. '전통'은 손에서 손
으로 '전달하다', '건네다'(라틴어 tradere)라는 의미이다. 지금
세대는 전 세대로부터 받은 전통과 함께 스스로 만든 문화
도 가지고 있다. 지금 세대는 가진 것을 의식하든 의식하지
못하든 다음 세대에 전달한다. 그것이 '전통'이다. 다음 세
대에 전통을 전해줄 때 좋은 전통은 전하고 나쁜 전통은 버
릴 때 다음 세대가 더 발전한다. 다음 세대가 전통을 이어받
을 때 좋은 전통을 받아들이고 나쁜 전통은 버린다면 희망
이 있다. 여기에 지금 세대와 다음 세대의 지혜와 책임과 의
무가 작동한다.

도전받는 교회 전통

이제 한국 교회는 전 세대의 신앙의 선배로부터 물려받은 좋은 전통이 무엇인지 살피는 작업을 해야 할 때가 되었다. 그러기 위해서는 우선 좋은 전통이 무엇이며 나쁜 전통이 무엇인지 평가해야 한다. 그래야만 다음 세대가 더 좋은 발전을 이룰 수 있기 때문이다. 반대로 한국 교회의 지금 세대가 아무런 생각 없이 직무를 유기하면 다음 세대는 심각한 어려움을 겪게 될 것이다. 몇 가지 한국 교회의 전통을 살펴보자.

사라져가는 교회학교 전통

필자가 어려서 교회학교를 다녔을 때는 교회학교가 주일 오전뿐만 아니라 주일 오후에도 있었다. 뿐만 아니라 수요일 오후에도 있었다. 그런데 언제부터인가 이러한 전통이 사라졌다. 교회의 다음 세대에게 신앙교육을 하기 위한 목적으로 세워진 교회학교의 전통은 참으로 귀한 것이다. 사라진 이 교회학교의 전통을 회복할 수 있을까? 사라진 주일 오후와 수요일 오후 교회학교의 과정을 회복하는 것은 현재로서는 불가능해 보인다. 교회학교가 비교적 활발하던 때에도 주일 오후와 수요일 오후에는 많은 어린이들이 모이지는 않았었다. 멀티미디어의 보급으로 인한 환경의 변화도 교회학교의 쇠퇴에 한몫을 했다. 예전보다 늘어난 아이들의 공부 부담도 교회학교를 약화시키는 한 요인이다. 지금은 출산율의 저하로 인해 교회학교 학생들의 숫자도 절대적으로 줄었다. 교회학교가 아무리 좋은 전통이라도 예전처럼 다시 회복하는 것이 이제는 쉬워 보이지 않는다. 그렇다고 교회학교를 포기할 것인가?

교회학교의 과거의 모습을 다시 회복하기는 어렵겠지만 교회학교가 가졌던 신앙교육의 본질은 포기할 수 없다. 각 세대의 교회는 고유한 과제와 숙제가 있다. 한 시대에 좋은 전통이 다른 세대에는 적용이 불가능할 수도 있다. 그럼에도 변치 않은 한 가지 전통은 교회학교의 기본 정신인 신앙교육이다. 교회학교가 예전처럼 부활할 수 없다고 하더라도 얼마든지 이 세대에 다른 방법으로 적용이 가능하다. 뿐만 아니라 이런 저런 이유로 사라진 좋은 전통을 발굴해 이 시대에 적용하는 것도 가능하다. 그것이 오늘 일할 수 있는 지금 세대가 가진 책무이다.

예를 들면, 기독교 역사 가운데 존재했었지만 지금은 잃어버린 보물인 '가정예배'(가정경건회) 전통을 회복시키는 것도 주일학교의 본래 정신을 회복할 수 있는 방법이다. 종교개혁가들은 가정예배를 소중하게 여겼다. 프랑스와 스코틀랜드의 교회는 매일 가정마다 가정예배를 반드시 행하도록 의무화했다. 스코틀랜드 장로교회는 목사와 장로가 가정을 심방할 때 반드시 가정예배를 하는지 확인하고, 만일 하지 않으면 하도록 권면하고, 또 부실하게 하면 책망하기도 했다. 스코틀랜드 장로교회는 [가정예배 지침서](*The Directory of Family Worship*)를 만들기도 했다. 후에 스코틀랜드 장로교회는 미국으로 지경을 넓히게 되었는데, 미국으로 건너간 장로교회는 산업혁명과 부흥운동을 거치면서 가정예배를 등한히하였다. 교회학교의 부흥도 가정예배의 쇠퇴에 간접적인 영향을 미쳤다. 매일 가정에서 가정예배를 통해 자녀들의 신앙교육을 행하던 부모가 교회학교에 자녀의 신앙교육 책임을 점점 떠넘기게 된 것이다. 그 후 미국 장로교회에서 가정예배의 좋은 전통이 사라져버렸다. 이러한 미국의 장로교회로부터 신앙의 전통을 물려받았던 한국의 장로교회는 가정예배를 잘 배우지 못했다. 지금 한국 교회의 교회학교는 상당한 위기에 직면했다. 이런 때에 가정예배를 발굴

하여 이 시대에 적용하는 것은 다음 세대의 신앙교육을 위한 좋은 대안일 수 있다.

또 다른 대안도 나타나고 있다. 교회학교는 주중에 얼마든지 가능하다. 어떤 교회는 수요일 학교를 마친 후에 참석할 수 있는 성경공부반을 만들어 운영하기도 한다. 또 다른 교회는 토요일에 교회학교를 열기도 한다. 이런 주중학교들이 잘 운영되면 아예 '기독교 학교'(Christian School)를 설립할 수도 있다. 기독교 학교를 설립하는 일은 신앙을 통하여 모든 학문을 가르치겠다는 확고한 의지의 표현인데, 권할 만한 대안이다. 한 교회가 이러한 중차대한 일을 시작하는 것은 쉽지 않다. 그러나 앞으로 한국 교회의 미래를 생각한다면 많은 기독교 학교가 세워져야 할 것이다. 이 부분에 대해 관심이 있는 분이 더 많은 정보를 원하신다면 필자의 『기독교 학교 이야기』(SFC, 2009)를 참고할 수 있을 것이다. 마지막으로 소개할 수 있는 다음 세대의 신앙교육을 위한 방법은 '기독교 홈스쿨링'(Christian Home-schooling)이다. 현재 한국의 기독교 홈스쿨링을 하는 가정은 1천 가정이 넘고, 그 숫자는 점점 늘어나고 있다.

주일성수 전통

필자가 어렸을 때에는 주일에 공부하지 않았다. 월요일에 시험이 있으면 주일 밤 12시가 되기까지 기다렸다가 공부를 하곤 했다. 주일에 농사일을 하지 않는 것은 물론이거니와 멍석을 펴고 나락을 말리는 것도 불편해했다. 가게에서 물건을 사거나 음식점에서 식사를 하거나 멀리 여행하는 것도 삼갔다. 한국 교회가 고신교회를 향해 가지는 고정관념은 이런 엄격한 주일성수이다. 고신교회에서는 그 사람의 신앙을 주일성수로 평가할 정도였다. 과거 박윤선 교수가 주일에 부산항으로 들어오는 선교사를 만나러 나간 것 때문에 사과를 해야만 했던 일도 있다. 이것이 좋은 전통인지 나쁜 전통인지에 대해서는 사람마다 이견이 있을 수 있겠지만 이 당시 엄격한 주일성수를 통해 추구하고자 했던 것은 분명하다. 그리스도인이 주일성수를 했던 것은 하루를 구별하여 하나님께 영광을 돌리고 하나님을 즐거워하는 것에 집중하기 위해서였다.

그런데 주일을 다른 날과 구별되게 지내려는 좋은 전통을 비난하는 사람들이 생겨났다. 요즈음에는 주일성수 정신이 사라져가고 있다. 어떤 교인들은 주일 이른 아침 1부예배(8–9시)에 참석하고 남은 시간에 골프를 치러가든지 등산을 가기도 한다. 예배만 참석하면 그 이후의 시간은 어떻게 사용하던지 상관하지 않는 분위기다. 주일에 공부하는 것을 허용한 지는 이미 오래다. 그냥 노는 것보다 차라리 공부하는 것이 낫다고 여긴다. 주일에 학교나 학원에 가는 것이 예배시간과 겹치지만 않으면 아무런 문제가 없다고 생각한다. 한국에서 제일 큰 장로교단에 속한 한 목사가 이렇게 말했다. "내가 아는 모든 목사의 자녀는 주일에 학원을 간다." 고신에 속한 목사인 필자는 믿을 수 없는 이야기였다. 그러나 고신교회 안에서도 이런 현상이 더 이상 예외가 아니다.

고신교회에서 주일성수를 위해 다소 과한 적용을 한 경우들이 없지 않지만 본래 주일성수의 정신까지 버릴 필요는 없다. 그렇다면 주일성수의 정신이 무엇인가? 구약의 율법적 안식일을 지키는 것이 아니라, 예수 그리스도 안에서 우리에게 주어진 구원에 감사하고 부활의 기쁨을 누리기 위해 주(主)의 날을 구별하는 것이다. 종교개혁가들은 하이델베르크 요리문답(103문)에서 우리에게 주일의 좋은 전통(정신)을 물려주었다. 첫째, 주일에 말씀의 봉사와 그 봉사를 위한 교육이 유지되기를 원했고, 특히 예배에 부지런히 참석하여 하나님의 말씀을 경청하고 성례에 참여하기 좋아했다. 또 주님을 공적으로 부르고(예배) 남는 시간에 가난한 자들에게 기독교적 자비를 실천할 수 있다(섬김). 둘째, 우리가 일생 동안 악한 일들을 그만두고, 주께서 그의 성령으로 내 안에서 일하시게 하며, 그럼으로써 영원한 안식을 주일에 누린다. 이를 위해 오늘날 주일성수의 좋은 전통을 잘 살리는 것이 필요하다.

그 외의 여러 전통들

예전에는 교회에 갈 때 평상시에 잘 입지 않는 '특별한 옷'을 입었다. 비싼 옷일 필요는 없다. 가진 것 가운데 좋은 옷을 깨끗이 빨아 단정하게 입는 전통이 있었다. 요즈음 교회 예배에 참석하는 교인들의 복장을 보면 '편한 복장'이 대세이다. 심지어 체육복 차림으로 교회에 오는 아이들도 있다. 과거 명절이 끼인 주일에는 한복을 입고 교회에 가는 것도 전통이었다. 필자는 명절이 있는 주일에는 전통한복을 입고 설교한다. 그런데 교인들에게 한복을 입고 교회에 오면 좋겠다고 권해보지만 실천은 잘 안 된다.

예전에는 교회갈 때 성경을 꼭 가지고 다녔다. 가방에 잘 보관해서 가져가기도 하지만, 손에 성경찬송을 들고 다녔다. 오른손으로 성경찬송을 포개 들고 왼쪽 가슴에 안듯이 잡고 교회에 갔다. 요즘은 성경찬송을 집에 모셔놓고 스마트폰만 들고 교회에 간다. 예배 가운데 앞에 크게 비춰주는 스크린의 도움을 받거나 스마트폰을 이용하기도 한다. 성경찬송을 가지고 가지 않는 것이 편하긴 하지만 정말 잘하는 것일까? 생각해볼 일이다.

예전에는 헌금 주머니를 예배 가운데 돌렸지만, 요즈음 교회 입구 헌금함에 넣는 경우도 제법 있다. 교회가 헌금을 강요한다는 느낌을 주지 않고 자발적으로 헌금한다는 면을 강조하기 위해 교회 입구에 놓인 헌금함에 헌금하도록 한다. 과연 이것이 예배의 정신을 생각할 때 좋은 모습일까?

예전에는 교회에 다니면 술 담배를 하지 않는 것이 당연하다고 여겼다. 그런데 최근에는 술과 담배는 신앙생활과 무관하다는 생각을 하는 교인들이 늘어나고 있다. 과연 교회는 어떻게 해야 하나?

교회는 알게 모르게 전통을 이어받기도 하고 새로운 전통을 만들기도 한다. 좋은 전통은 이어가고 나쁜 전통은 버

려야 한다. 이제 한국 교회도 바람직한 전통에 대해 고민을
시작해볼 때이다.

코로나 시대의 예배

2020년이 시작되고 벌써 한해가 거의 지나가지만 그것을
느낄 여유가 없다. 코로나19 바이러스의 출현과 확산으로
온 나라와 세계가 혼돈의 도가니에 빠져있다. 바이러스가
가져다 준 지구촌의 변화는 대단하다. 국가 간의 교통과 사
람 간의 소통이 막혀버렸다. 생물도 무생물도 아닌 한 낱 바
이러스가 만물의 영장인 인간의 삶을 뒤흔들고 있다. 뿐만
아니라 우주의 왕이신 하나님의 자녀인 성도와 예수 그리스
도의 몸인 교회까지 뒤흔들어놓고 있다.

예배 논쟁

정부는 바이러스 확산방지를 위해 교회에 예방적 예배
자제 혹은 일시 중단 권고를 했고, 일부 교회에는 예배를 제
한했다. 물론 예배를 전면금지한 것은 아니다. 조건적으로
예배를 허용하고 있다. 만약 예방조치를 하지 않고 예배를
강행했을 때 문제가 발생하면 그 피해에 대해 구상권(求償

權)을 청구하겠다는 말들이 들린다.

한국 개신교회는 일제 강점기에 신사참배 강요로 인해 정상적으로 예배하기 어려웠지만, 예배 자체를 중단하지는 않았다. 해방 후 6.25전쟁 때 예외적으로 교회의 문을 닫아야 했던 비상한 시기도 있었지만, 그 외에는 예배를 중단한 적이 없다. 그러니 교회로서는 이번 상황이 상당히 큰 충격일 수 있다. 2020년 3월 22일 〈연합뉴스〉 기사를 보면 그 상황을 느낄 수 있다.

(서울=연합뉴스) 양정우 기자 = 신종 코로나바이러스 감염증(코로나 19) 확산이 계속되는 가운데 개신교회의 예배를 둘러싼 논란이 여전히 뜨겁다. 최근 경기도와 서울시가 종교집회 금지 명령까지 거론하며 압박하고 급기야 21일에는 정부가 나서 15일간 종교시설 운영중단을 권고했지만, 정부 요청대로 전국 모든 교회의 문이 닫힐 것으로 보는 이는 많지 않다. 최대 6만개로 추산되는 전국 개신교회가 일치된 목소리를 내지 못하는 데에는 현장 예배를 받아들이는 교계 내 시각차와 함께 이견을 조율해야 할 개신교 연합기관이 그 역할을

다하지 못하는 데 있다는 지적이 나온다.[*]

인터넷 공간에서도 논쟁이 뜨겁다. 한쪽에서는 '예배를 절대 중단할 수 없다'는 입장을 내세우고 있고, 반면 다른 쪽에서는 '불가피할 경우 꼭 예배당이 아니라, 가정이나 다른 장소에서도 여러 가지 방법으로 예배할 수 있다'는 입장이다.

전자는 후자를 교회의 세속화이며 타락(?)이라는 관점에서 바라보며 비판의 소리를 높인다. 하나를 양보하면 줄줄이 양보하게 되어 신앙을 잃게 될 것이라고 예단하며 경고한다. 예배당에서의 예배금지 명령을 '예배의 자유'를 침해한 것으로 해석한다. 이는 예배당을 성전이라고 말하며 믿어온 한국 교회의 현실과 무관하지 않을 것이다. 또 예배당에서의 예배금지 조치를 '종교의 자유'를 침해한 것이라며 강하게 반발하기도 하는데, 이것은 현 정부에 대한 정치적 판단이 작용한 것이 아닐까 하는 생각도 든다.

후자도 전자를 향해 골통 율법주의의 망령이 되살아나

---

[*] https://www.yna.co.kr/view/AKR20200322038300005?input=1195m

고 있다고 비난한다. 예배는 영과 진리로 드리는 것이지 한 장소에 얽매이지 않는다고 말한다. 일반적으로 교회당에서 온 성도가 모여 예배하지만 예외적 상황도 있다고 주장한다. 감염방지를 위한 정부의 예배자제 권고는 종교탄압이나 예배의 자유를 침해하는 것이 아니라고 말한다. 오히려 교회는 정부의 감염병 확산 방지에 적극 협조하는 것이 마땅하다고 한다.

이 논쟁은 끝이 나지 않을 것 같다. 교회마다, 목사마다, 성도들마다 제각기 생각이 다르다. 교회는 이 문제를 어떻게 해결해야 할까?

정부에 복종

성도나 교회가 세속 정부에게 복종해도 될까? 코로나19 사태로 인해 정부가 주일 예배를 금지할 때 교회는 받아들여도 될까? 다른 것도 아니고 예배를 중단하라고 하는데 따라도 되는 것일까? 왜 이런 질문을 던질까? 성도는 세속 정부보다 더 크신 하나님의 명령에 순종하고 싶기 때문이다. 이 질문은 민감하고 중요한 주제이다. 국가와 교회의 관계에 대한 오래된 주제이기도 하다. 기독교 역사를 살펴보면

각 정통마다 차이가 존재한다. 이 글에서는 그 역사와 입장을 다루는 대신 로마서 13장을 통해 생각해보려 한다.

로마서 13장의 권고는 너무나 노골적이라 우리가 덥석 받아들여도 되나 하며 주저하게 될 정도이다.

"각 사람은 위에 있는 권세들에게 복종하라 권세는 하나님으로부터 나지 않음이 없나니 모든 권세는 다 하나님께서 정하신 바라"(롬 13:1)

가히 충격적이다. 바울은 그리스도인을 박해할 가능성이 있는 로마제국의 권세(자)에게 복종할 것을 명령한다(1-7절). 왜 그럴까? 이 말씀을 이 시대에 적용해도 될까? 무슨 다른 이유가 있는 것일까? 13장을 다 읽어보면 바울이 제시하는 그리스도인의 세상을 향한 자세는 통이 크다. 불신자가 통치하는 국가와 정부 지도자를 하나님이 세운 "하나님의 사역자"(롬 13:4) 혹은 "하나님의 일꾼"(롬 13:6)으로 인정하니 말이다.

이와 비슷한 상황은 이미 구약 다니엘의 시대에도 있었다. 바빌론과 로마는 제국주의 국가였다. 불신 국가와 정부

가 하나님의 백성을 박해하거나 다스리는 상황에서 그리스
도인과 교회는 어떤 자세를 취할 것인가? 바울은 "모든 권
세는 다 하나님께서 정하신 바"라고 말했고 "권세들에게 복
종하라"고 명했다.

물론 바울의 이 명령에는 예외가 없는 것이 아니다. 더
많은 논의가 필요하지만 여기에서는 다루지 않는다.

교회 내부에서 비난하고 싸워?

문제는 교회 외부로부터 오지 않고 오히려 내부에서 나
타나고 있다. 코로나19 사태로 인해 교회와 성도가 서로 싸
우고 있다. 예배 때문에 비판하고 비난한다. 이래도 될까?
현재 개신교회는 예배에 대한 입장을 정리할 컨트롤타워가
없다고 한다. 늘 그래왔던 현상이기도 하다. 이것이 개신교
회의 약점처럼 보이기도 하지만 다른 시각으로 보면 오히려
개신교회의 강점이 아니던가? 신학과 신앙양심에 따라 본
질이 아닌 부분에서는 다양성을 인정하는 것 말이다.

자, 그러면 교회 안의 성도간의 비난과 싸움에 대해 바
울이 로마서 14장에서 가르치는 교훈을 살펴보자. 로마교
회 안에는 유대인의 율법, 곧 '음식 법'과 '날'과 '절기'를 지

킬 의무와 관련된 만만치 않은 갈등이 있었던 것 같다. '율법주의자들'과 '자유주의자들'의 대립이 있었던 것이다. 그들은 서로 비난하며 싸웠다. 구약의 율법을 지켜야만 기독교인의 정체성을 유지할 수 있을 것이라는 측이 있었다. 율법주의에 빠지면 바리새인과 서기관들과 다름없으니, 오히려 그리스도의 복음 안에 주어진 자유를 누려야 한다는 측도 있었다. 두 측은 팽팽하게 대립했다. 바울이 로마교회의 두 쟁점을 이렇게 요약했다.

"어떤 사람은 모든 것을 먹을 만한 믿음이 있고 믿음이 연약한 자는 채소만 먹느니라"(롬 14:2)

로마교회의 '믿음이 연약한 사람'은 율법에 금지된 음식들, 예를 들면 고기를 먹지 못하고 채소만 먹었다. 일반화의 위험을 무릅쓰고 코로나19 사태의 예배논쟁에 비유하면 '믿음이 연약한 사람'은 교회당 예배를 고수하는 측이라고 할 수 있다.

로마교회의 '믿음이 강한 사람'은 율법에 금지된 음식을 먹었다. 예를 들면, 복음 안에서 자유함으로 고기를 마음대로 먹었다. 다시 한 번 일반화의 위험을 무릅쓰고 코로나19 사태의 예배논쟁에 적용하면 '믿음이 강한 사람'은 꼭 예배 당에서 예배하지 않아도 된다고 보는 측이다. 가정에서 가정예배를 하든 혹은 인터넷으로 동시간에 혹은 다른 시간에 예배를 할 수 있다고 자유롭게 생각한다.

로마교회에는 안식일 문제도 있었던 것 같다. 어떤 사람은 이 날을 저 날보다 낫게 여기고 어떤 사람은 모든 날을 같게 여긴 것이다(롬 14:5). 꼭 안식일이 아니어도 모든 날이 중요하다고 여긴 것이다. 그중에 주님의 부활일인 "안식 후 첫날"인 주일로 무게중심이 옮겨갔다는 것이 교회역사가들의 일치된 견해이다. 여기서도 바울은 강한 자와 약한 자 사이의 대립으로 보았다. 안식일을 반드시 지켜야 한다는 측과 그렇지 않고 주일과 모든 날이 중요하다고 하는 측의 갈등은 만만치 않았던 것 같다. 바울은 이 두 문제를 아래의 말로 깔끔하게 정리했다.

"날을 중히 여기는 자도 주를 위하여 중히 여기고 먹는 자도 주를 위하여 먹으니 이는 하나님께서 감사함이요 먹지 않는 자도 주를 위하여 먹지 아니하며 하나님께 감사하느니라……우리가 살아도 주를 위하여 살고 죽어도 주를 위하여 죽나니 그러므로 사나 죽으나 우리가 주의 것이로다……네가 어찌하여 네 형제를 비판하느냐? 어찌하여 네 형제를 업신여기느냐? 우리가 다 하나님의 심판대 앞에 서리라"(롬 14:6,8,10)

바울은 "주를 위하여" 모든 것들을 상대화시켜야 한다고 본 것이다. 코로나19 바이러스 확산으로 인해 주일예배에 대한 상반된 의견들이 교회 내외에 오가며 비난과 싸움으로 번져간다. 주일 공예배를 취소하고 가정예배로 바꾸어야 한다고 주장하는 쪽은 안식일과 주일 예배의 한시적 취소가 신앙생활에서 큰 문제가 아니라는 입장이다. 반대로 주일 공예배를 취소하는 것은 교회가 스스로 빗장을 풀어버리는 어리석은 행동이라는 입장이다. 주일 공예배를 양보하는 것을 배교와 같은 것으로 보는 입장은 율법을 따라 살아야(고기를 먹지 않고 안식일을 엄수) 한다고 주장하는 로마교회 성도들의 주장과 맥을 같이한다. 주일에 예배당에서의 공예배를 잠시 쉬고 가정에서 예배할 수 있다는 입장은 복음이 주는 자유를 사용해도 된다(고기를 먹고 다른 날인 주일에 예배)는 로마교회 성도들의 입장과 비슷하다.

이제 바울의 권면에 귀 기울일 때가 되었다. 성도가 다른 사람이 자신과 의견이나 입장이 다르다고 "형제를 비판하거나 형제를 업신여기"(롬 14:10)는 것은 죄다. 왜냐하면 비판하고 업신여기는 대상이 바로 주님의 백성이기 때문이다. 그리스도의 교회에는 음식이나 절기나 날보다 더 중요한 것이 있다. 그것은 바로 "화평의 일과 서로 덕을 세우는 일"이다. 성도는 교회를 세워야 하는 명령을 받고 있다. 그런데 서로 화평하지 못하고 싸운다면 교회를 세우기는커녕 무너지고 말 것이다.

"그리스도를 섬기는 자는 하나님을 기쁘시게 하며 사람에게도 칭찬을 받느니라 그러므로 우리가 화평의 일과 서로 덕을 세우는 일을 힘쓰나니 음식으로 말미암아 하나님의 사업을 무너지게 하지 말라 만물이 다 깨끗하되 거리낌으로 먹는 사람에게는 악한 것이라"(롬 14:18-20)

답은 정해져있다. 성도는 형제를 비판하지 말아야 한다. 생각이 다른 형제를 업신여기며 비난할 수 없다. 성도는 무엇을 하든지 하나님을 기쁘시게, 곧 하나님의 영광을 위해 해야 한다. 성도가 예배 때문에 서로 비난하고 싸우면 모두가 패배자일 뿐이다. 승리는 사탄이 가지고 갈 것이다. 서로의 입장을 존중하고 주를 위하여 형제를 용납하며 화평의 일을 도모해야 한다. 그리고 서로 덕을 세워야 한다. 오늘 한국 교회 내부에는 이 바울의 권면이 참으로 필요하지 않을까 생각해본다.

그리고 성도는 그리스도를 섬기는 자로서 하나님의 영광을 위해 살 뿐만 아니라 사람에게도 칭찬을 받는다. 현 한국 교회는 사회로부터 지탄의 대상이 되고 있고 상당한 불신을 받고 있다. 오해도 많지만 스스로 자초한 부끄러운 모습도 많다. 본래 교회가 세상으로부터 칭찬을 받기 어렵지만 본질이 아닌 것으로 인해 비난을 받아서는 안 된다. 코로나19 사태는 교회를 사칭한 이단 신천지가 깊숙이 개입되어 있다. 일반 사회는 신천지와 교회를 구분하지 못한다. 그런데 교회가 예배와 관련한 정부의 요청과 권면과 지침에 적극 따르지 않는다면, 교회는 사회로부터 칭찬을 받지 못하고 비난을 받을 뿐만 아니라 하나님을 기쁘시게 할 수도 없을 것이다.

예배중지 권고, 신사참배 강요 데자뷰?

코로나19 사태로 인한 정부의 예배중지 권고는 일제식민지 시대의 흑역사였던 신사참배 강요에 굴복했던 부끄러운 한국 교회 역사의 데자뷰로 작용하는 측면이 있어 보인다. 당시 한국 교회는 신사참배를 국가행사로 규정했고, 주일 예배 전에 동방요배를 해야 했으며, 노회를 열기 전에 먼저 신사참배를 하도록 강요당했다. 한국 교회는 공식적으로 신사참배를 가결했다. 분명히 뼈아픈 흑역사였다. 정부의 예배중지 권고가 한국 교회에게는 어쩌면 이 흑역사가 데자뷰로 작용하는 것이 아닌가 싶기도 하다.

하지만 조금 더 냉정하게 살펴보면 한국 교회의 위기는 위부로부터 오는 위협보다 내부의 위험요소들이 더 많고 크지 않을까? 교회는 영적 무기력과 신앙의 세속화를 더 염려해야 하지 않을까? 저출산과 저성장 그리고 교회의 고령화의 문제를 어떻게 헤쳐나가야 할까?

성도의 자유!

그리스도인에게는 복음 안에서 자유를 누릴 수 있는 권리가 있다. '기독교'라는 종교에 얽매일 필요가 없다. '성전'

으로 믿곤 하는 '예배당 건물'에 갇힐 하등의 이유도 없다. 복음은 종교와 장소를 초월한다. 복음의 능력은 온 우주를 다스리시는 하나님의 섭리만큼 넓고 위대하다. 바울의 말을 들어보자.

"네게 있는 믿음을 하나님 앞에서 스스로 가지고 있으라 자기가 옳다 하는 바로 자기를 정죄하지 아니하는 자는 복이 있도다"(롬 14:22)

이 양심의 자유는 각 개인에게 주어졌지만 교회적으로 결정하면 좋겠다. 각 교회의 당회는 현 사태를 직시하고 성도의 영적 성장을 위해 예배를 어떻게 할 것인지 의논하고 토론한 후 기도로 결정할 것이다. 성도는 당회의 결정을 믿고 따라야 한다. 혹 성도가 개인적으로 동의하지 않는다 하더라도 주님이 당회에 부여한 권위를 인정하고 받아야 한다. 그것이 화평과 덕을 따르는 것이며, 주님의 영광을 위한 행위이며 사람을 기쁘게 하는 것이다.

물론 어떤 교회는 이렇게 결정하고 다른 교회는 저렇게 결정할 수 있을 것이다. 시기와 장소와 상황과 여건에 따라 결정할 수 있다. 당회가 의논하고 기도한 결정은 복되다. 복음 안에서 주어진 자유를 누릴 수 있다. 자유를 누리라!

이처럼 어려운 비상시국에 코로나19 바이러스의 확산을 통한 하나님의 뜻을 찾으며, 그리스도인의 직무를 잘 지켜 갈 수 있길 바랄 뿐이다.

Q. 성경이 말하는 전통의 긍정적 측면은 무엇입니까?

Q. 자신이 생각하는 좋은 교회와 신앙생활의 전통은 무엇이며, 어떻게 되살릴 수 있을까요? 주일성수에 대한 전통에 대해 서로 얘기해보세요

Q. 코로나19 바이러스의 확산으로 교회에 생겨난 도전은 무엇입니까?

Q. 예배의 방법과 관련된 성경의 교훈은 무엇입니까? 예배와 관련해 성도의 자유는 어디까지가 기준점일까요? 각자 생각을 얘기해봅시다.

제4장
일상생활

재난을 대하는 태도

'코로나 바이러스'(Corona Virus)는 '코로나'(corona) 왕관처럼 예쁘게 생긴 바이러스(virus)의 모양을 따라 붙여진 이름이라고 한다. 일명 '코로나19'(COVID-19)는 사스(SARS)로 알려진 '중증호흡기 증후군'의 일종이다. 2019년 12월 1일 중국 후베이성에서 최초로 발견된 후 급속히 확산되었다. 우리나라도 코로나19의 확산이 걷잡을 수 없는 상황이 되어 공포에 휩싸여 있다. 전 세계가 이미 '팬데믹'(Pandemic) 상황에 놓여있다.

　과거 흑사병(Pest)으로 알려진 전염병이 14세기에 중앙아

시아에서 발생한 후 실크로드를 따라 서양과 중국으로 퍼져 나갔다. 유럽 전체 인구의 30%−60%가 죽었다고 하니 정말 그 위력이 대단했다. 흑사병은 17세기까지 산발적으로 발병했다 사라지곤 했다. 이 과정에서 거리에서 구걸하는 사람이나, 한센병 환자, 외국인 특히 유대인이 집단폭력에 노출되거나 학살을 당하기도 했다. 마녀사냥처럼 희생양이 된 것이다. 자국민에 비해 유대인의 감염률이 턱 없이 낮았기 때문에 그들은 이유도 없이 많은 박해를 받았다. 사람들은 "저 불쾌한 유대인들이 우리 도시에 질병을 퍼트린다"고 생각했다. 평소 게토(ghetto)를 이루며 살던 유대인에 대한 혐오가 가미된 어처구니없는 생각이었지만 이것이 사람들 사이에서 먹혀들었다. 나중에 알려진 바에 의하면 유대인은 자주 손을 씻는 종교적 관습 때문에 감염이 덜했다고 한다.

재난 가운데 그리스도인은 어떤 자세를 취해야 할까? 적지 않은 그리스도인 지도자들이 "코로나19의 발생과 확산은 하나님의 심판이다"라고 말한다. 이러한 생각은 코로나19의 확산만큼이나 널리 공유되고 있는 듯하다. 그리스도인으로서 그런 말을 들을 때 마음이 매우 불편하다. 왜냐하면 모든 재난이 하나님의 심판은 아니기 때문이다. 더구나 재난으로 고통받는 사람들이 그리스도인의 이웃인데 그들을 향해 심판의 말을 쏟아내는 것이 과연 지혜로울까 하는 마음 때문이다.

누가복음 13장의 말씀을 기초로 재난에 대한 그리스도인의 자세를 정리해 보자.

재난, 죄에 대한 하나님의 심판인가?

성경에 의하면 모든 재난과 고난이 하나님의 심판은 아니다. 욥의 경우가 대표적이다. 욥에게 닥친 재난은 죄에 대한 심판이 아니다. 욥에게 닥친 재난은 까닭 없는 고난이었다. 욥의 친구들이 와서 욥에게 죄를 실토하라고 회유하고 설득하고 위협했지만 그들의 입에서 나온 모든 말은 하나님의 섭리를 이해하지 못하는 인간의 잘난 지식에 불과했다. 일반적으로 '인과응보(因果應報)적 삶의 원리'는 맞다. 하지만 하나님은 그 일반적 원리를 초월하는 분이다. 재난에 대한 그리스도인의 자세도 그와 같아야 한다. 섭리하시는 하나님을 염두에 두어야 한다는 뜻이다. 시공간에 제한을 받는 인간은 그 크신 하나님의 섭리를 이해할 수 없다. 더군다나 피조물인 인간은 원 그림이 없는 수백만 장의 퍼즐 가운데 한 조각에 불과하다. 자신도 똑같은데 주변 조각을 바라보면서 무슨 평가와 판단을 할 수 있다는 말인가?

예수님은 "이 사람이 맹인으로 난 것이 누구의 죄로 인함이니이까?"(요 9:2)라는 질문에 이렇게 대답하셨다.

"이 사람이나 그 부모의 죄로 인한 것이 아니라 그에게서 하나님이 하시는 일을 나타내고자 하심이라"(요 9:3)

인간은 너무 쉽게 타인의 인생을 정죄하고 심판하는 경향이 있다. 어떤 집에 우환(憂患)이 있으면 최근 혹은 예전에 범했던 죄를 들먹이며 "천벌을 받는 거야!"라며 한마디 한다. 어려움을 당한 사람이 있으면 같이 울며 도움을 주는 데 관심을 기울여야 함에도 불구하고 말이다.

강도를 만나 팔다리가 부러져 피를 흘리며 쓰러져 있는 사람을 향해 "왜 그렇게 조심성 없이 행동했냐? 네가 당한 것이니 네가 책임져라"라는 방식의 정죄는 적절하지 않다. 재난이 심판인지 아닌지는 하나님이 아신다. 그 판단은 하나님의 영역이다. 나중에 모든 것이 드러나게 되어 있다. 재난의 상황에서 그리스도인이 할 일은 재난당한 사람의 이웃이 되어 주는 것이다. 재난의 상황에서 이웃사랑을 행하기가 쉽지 않다. 어려운 이웃사랑을 회피하기 위해 자신도 모르게 비난과 심판의 말을 내뱉기 쉽다. 조심해야 한다.

재난, 죄에 대한 하나님의 심판!

누가복음 13장 1-5절을 보면, 두어 사람이 예수님에게 와서 "빌라도가 어떤 갈릴리 사람들의 피를 그들의 제물에 섞은 일"(1절)을 알려주었다. 이 말을 예수님에게 전한 이유가 무엇일까? 문맥을 볼 때 빌라도에게 처참한 죽음을 당한 사람들의 죄가 크다고 말하고 싶었을 것이다. 자신들은 그런 악한 자들에 비해 의롭다고 인정받고 싶었을 것이다.

예수님은 살해당한 갈릴리 사람들을 변호하시지 않았다. 어쩌면 그들은 열심당원이었을 수도 있다. 민족주의자이고 독립자결단원이었을 수도 있다. 폭력에 의존하여 조국의 독립을 추구하는 것이 꼭 죄라고 단정하기는 어렵지만 예수님은 그들의 죽음이 하나님의 심판일 수 있음을 거부하지 않으신다. 언약백성이 배신하고 떠날 때 "폐병과 열병과 염증과 학질과 한재와 풍재와 썩는 재앙"(신 28:22)을 겪게 될 것이라고 했다. 그리스도인도 마찬가지다. 하나님의 새 언약을 거부하고 불신앙에 빠져 죄 가운데 살아갈 때 하나님의 징벌이 있을 것이다. 그리스도인에게 재난은 심판과 아무런 상관이 없다고 말할 수 없다. 재난이 하나님의 심판일수 있다. 예수님은 그것을 인정하신 것이다.

하지만 예수님의 말씀을 더 들어보자.

> "너희는 이 갈릴리 사람들이 이같이 해 받으므로 다른 모든
> 갈릴리 사람보다 죄가 더 있는 줄 아느냐 너희에게 이르노니
> 아니라"(2-3절)

재난 가운데 그리스도인이 가져야 할 태도를 유추할 수있다. 재난이 하나님의 심판이라고 해도 그것을 바라보는 그리스도인은 정죄하는 데 목소리를 높일 것이 아니다. 특별히 재난의 때에 빠지기 쉬운 유혹과 죄가 있는데, 그것은 자신의 눈에 있는 들보를 깨닫지 못하고 남의 눈에 있는 티를 발견하고 정죄하는 것이다. 그런 자들을 성경은 '외식하는 자'라고 한다. 자기 내부에 있는 큰 죄에는 눈을 감고, 겉으로 드러난 다른 사람들의 사소한 죄에 대해서는 큰소리치는 사람이 바로 외식하는 이다. 누가복음 13장 1-5절의

바로 앞에 있는 예수님의 말씀이 정말 중요하다.

"외식하는 자여 너희가 천지의 기상은 분간할 줄 알면서 어찌 이 시대는 분간하지 못하느냐 또 어찌하여 옳은 것을 스스로 판단하지 아니하느냐"(눅 12:56-57)

예수님은 덧붙여 한 사건을 더 언급하셨다.

"또 실로암에서 망대가 무너져 치어 죽은 열여덟 사람이 예루살렘에 거한 다른 모든 사람보다 죄가 더 있는 줄 아느냐 너희에게 이르노니 아니라"(4-5절)

이런 재난이 일어나면 처참하게 죽은 불운한 사람을 향한 사람들의 눈길이 심상치 않다. '저 사람들은 도대체 무슨 죄를 지었기에 저런 비참한 죽음을 당하는가?'라고 속으로 생각한다. 그러나 예수님은 그런 태도가 옳지 않다고 말씀하신다. 도토리 키 재기 하듯 별 차이가 없는 사람들끼리 서로 정죄하며 죄의 경중을 따지는 것 자체가 우스운 일이다.

코로나19의 재난 가운데 있는 그리스도인의 자세는 어떠해야 할까? 재난을 당한 사람을 향한 정죄가 아니다. 재난 밖에 있는 사람이 재난당한 사람을 향해 '비난'하고 '정죄'하는 것은 그리스도인의 자세가 아니다. 재난당한 사람을 향한 정죄는 하나님의 이름으로 하나님의 자리에 올라가려는 것과 같으니 조심해야 한다. 우리가 저들보다 더 의롭기 때문에 재난 밖에 있다고 생각할 수 없기 때문이다.

재난, 그리스도인에게 필요한 회개

그러면 재난 속에서 타인에게 눈을 돌리지 말고 어디를 보아야 하는가? 예수님의 권면을 들어보자!

"너희에게 이르노니 아니라 너희도 만일 회개하지 아니하면 다 이와 같이 망하리라"(3, 5절)

예수님의 회개의 외침은 새삼스러운 것이 아니다. 예수님의 복음의 핵심이 바로 '회개'이다. '회개'가 곧 '복음'이다.

"하나님의 나라가 가까이 왔으니 회개하고 복음을 믿으라"(막 1:15)

아무런 문제가 없어 보이는 평상시에도 자신의 죄를 깨닫고 회개해야 한다. 재난의 때에는 더욱 회개할 기회가 많다. 재난의 때에 남을 정죄하고 비난하기보다 자신을 돌아보며 회개해야 한다. 더 겸손히 낮아져야 한다.

예수님의 이 말씀을 오해해 잘못 적용하지 않기 바란다. 재난을 막기 위해 애쓸 필요도 없고, 회개의 기도에만 열중하라는 말이 아니다. 중세교회는 흑사병을 종말이 온 증거로 보아 일도 하지 않고 고행을 통해 죄를 씻도록 유도했다. 이것 또한 적절하지 않은 적용이다. 그리스도인은 일상의 삶을 열심히 살아야 한다. 단지 재난의 때에 타인을 정죄하지 말고 자신의 죄를 회개해야 한다는 뜻이다.

그리스도인은 자신이 처한 일터에서 자신의 역할을 다해야 한다. 또 코로나19의 확산을 막기 위해 애써야 한다. 그리스도인은 정부의 전염병 방제시책에 적극 협력해야 한다. 공무원들과 의료계에 종사하는 자들을 응원하며 그들을 위해 기도해야 한다. 그리고 더 나아가 가난하고 소외된 약자들을 도와야 할 것이다.

1665년과 그 이듬해에 잉글랜드 런던에 흑사병이 창궐했을 때 전체 인구의 30%-50% 가까운 사람들이 죽었을 것으로 예측한다. 이때에도 "이 재앙은 런던을 향한 하나님의 심판이다"라고 말하기 쉬웠을 것이다. 하지만 토머스 브룩스(Thomas Brooks) 목사는 런던을 떠나지 않고 흑사병 환자들을 돌보며 성도들을 위로하고 그들의 영혼을 살폈다. 그가 남긴 유명한 책이 있어 소개한다.

『고난 가운데 잠잠한 영혼』(그 책의 사람들, 2018)

그는 성경 전체에 흩어져 있는 '고난' 관련 구절들을 읽고 정리했다. 그 가운데 특별히 시편 39편 9절이 있다.

"내가 잠잠하고 입을 열지 아니함은 주께서 이를 행하신 까닭이니이다"(시 39:9)

재난의 때에 그리스도인이 이런저런 말들을 많이 하는 것보다 '침묵'하는 것이 더 낫지 않을까? 그리고 자신에게 주어진 역할을 잘 감당하는 것이 필요하지 않을까? 하나님은 재난 가운데도 여전히 살아계시고 섭리하신다.

멀티미디어와 스마트미디어 문화

어린이에게 문화가 있기나 하나?

요즈음 어린이에게 문화가 있기는 할까? 옛날에는 어린이만이 누릴 수 있는 문화가 있었다. 예를 들면, 집 밖에서 하는 놀이로 딱지치기, 말 타기, 진놀이, 얼음땡, 달팽이놀이, 삼팔선놀이, 구슬치기, 고무줄놀이, 땅따먹기, 오징어땡, 꼰, 자치기, 딱지치기, 술래잡기, 사방치기, 무궁화 꽃이 피었습니다, 비석치기, 널뛰기, 연날리기, 썰매타기, 꼬리잡기 등 수많은 놀이들이 있었다. 또 집안이나 뜰에서 하는 놀이로는 단추 돌리기, 공기놀이, 윷놀이, 고누 등이 있었다. 지금은 더 이상 찾아볼 수 없는 옛 어린이들의 놀이문화이다.

현대 어린이는 많은 시간을 학교와 학원에서 보낸다. 어른들의 생각에도 '어린이'라는 단어는 없는 것 같다. 어른들에게 아이들은 '학생'일 뿐이다. '어린이'는 공부하는 기계나 벌레로 전락하고 말았다. 길에서 만난 아이에게 말을 거는 어른은 "너 몇 살이니?"라고 묻는 것이 아니라 "너 몇 학년이니?"라고 묻는다. 나이에 걸맞은 생각과 행동을 요구했던 과거와 달리 공부로만 아이를 평가하려는 모습이다. 어린이는 그저 학생일 뿐이다. 요즈음 어린이에게 문화는 '공부'가 전부이다. 어린이는 공부를 '위한'(for), 공부에 '의한'(by), 공부'의'(of)의 존재들이다.

주력 문화, 멀티와 스마트미디어

그런데 공부 외의 시간을 어떻게 보내느냐를 보면 문제는 더 심각하다. 어린이는 멀티(Multi)와 스마트(Smart) 미디어(Media)에 완전히 빠져 있다. 어린이에게 문화는 멀티와 스마트 미디어 문화만 있을 뿐 그 외의 것은 찾아보기 힘들다. TV와 게임, 컴퓨터와 스마트폰이 어린이 문화를 점령했다. 공부와 멀티와 스마트 미디어에 의해 점령당한 오늘날의 어린이 문화는 애처로울 정도이다. 우리 사회는 어린이가 맘껏 뛰어놀 수 있는 시간과 공간이 없고, 자연과 친숙해질 수 있는 여유가 없으며, 부모와 함께할 수 있는 시간도 절대적으로 부족하다. 무엇보다도 그리스도인으로서 신앙적 교육과 성숙을 훈련하기 어렵다.

집에는 컴퓨터, 텔레비전, 스마트폰 등이 가장 관심을 많이 받는 주요 가족 구성원이 되었다. 현대는 멀티와 스마트

미디어 시대인 것은 분명하다. 그것이 우리 삶에 미치는 영향은 상상을 초월한다. 지하철을 타 보면 99%가 스마트폰을 쳐다보며 고개를 숙이고 있다. 집에 가도 다르지 않다. 과거에는 집안 식구들이 이불 밑에 발을 넣고 둘러앉아 도란도란 얘기를 나눌 수 있었지만 지금은 텔레비전을 앞에 두고 그 쪽을 바라보도록 소파가 배치되어 있다. 온 가족이 텔레비전을 향하여 앉아 예배라도 드리는 것 같다. 저녁에 온 가족이 함께 모이기도 힘들지만 모여도 옆에 있는 가족의 얼굴을 쳐다볼 시간이 없다. 심지어 스마트 미디어를 멀티로 본다. 컴퓨터와 TV와 스마트폰을 동시에 다룬다. 가정 깊숙이 개인의 생활 구석구석까지 점령한 멀티와 스마트 미디어의 영향은 거의 절대적이고 일반적인 문화가 되고 말았다. 부정할 수도 피할 수도 없는 대단한 존재가 되었다.

미디어의 위험

이 미디어는 어디까지나 인간에게는 도구이며 기구이다. 인간은 도구와 기구를 잘 활용한다. 좋은 도구는 유용하게 사용할 수 있다. 그런데 인간이 그 도구의 노예가 되어 버린다면 문제는 다르다. 특별히 어릴 때부터 멀티와 스마트 미디어에 노출되면 신체적·정신적 발달에 치명적인 문제를 일으킬 수 있다. 일본의 한 병원의 신경과 교수인 모리 아키오는 초등학교 1학년부터 6학년까지 6년 동안 일주일에 3일, 매일 1시간 이상 게임을 하면 중학교에서 깊이 생각하는 것이 불가능하다는 연구 결론을 내렸다. 어린이는 정보를 '수집'하고 '이해'하고 '정리'하는 훈련을 해야 하는데 멀티와 스마트 미디어를 많이 사용하면 '정리'해서 판단하는 전두엽이 발달하지 않는다고 한다. 그러므로 자녀를 어린 시절에 멀티와 스마트 미디어에 너무 많이 노출시키는 것은 매우 위험하다. 미디어가 '좋은 것'이지만 그 '좋은 것'이 아이를 망칠 수 있다는 것을 모른다. 부모는 자녀가 '좋은 것' 보다 '더 좋은 것'을 주기 위해 '좋은 것'을 포기할 수 있도록 도와주어야 한다.

그런데 미디어가 주는 많은 지식 정보(homo sapiens, 생각하는 사람)와 오락(homo ludens, 즐기는 사람)은 어른 아이 할 것 없이 모든 현대인의 삶을 위협하고 있다. 가정의 출산율은 점점 낮아지고 있지만 미디어는 점점 늘어나고 있다. 미디어는 이제 가족의 중요한 일원이다. 아이들의 놀이문화는 인격과 인격이 함께 하는 것에서부터 전자게임이나 웹게

임으로 대체되었다. 사람들은 몸을 부대끼며 놀이하는 문화를 잃어버린 지 오래다. 스마트폰이 아이들의 친구, 선생님, 부모가 되었고 심지어 애인 역할도 한다. 우리는 인간성이 상실된 시대를 살아가고 있다. 인간이 미디어를 다스리는 것처럼 보이지만 사실은 미디어에 의해 조종당하고 있는 인간의 모습을 염려해야 할 상황이다. 더구나 자제력과 절제력이 부족한 어린이가 과도하게 미디어에 노출되면 심각한 문제를 낳고 말 것이다.

미디어의 문제

전문가들은 매스미디어 중에 특별히 TV나 게임(컴퓨터와 스마트폰) 그 자체가 주는 폐해가 크다고 경고한다. 인간을 포함한 동물은 새로운 자극이 주어지면 본능적으로 그쪽을 바라보거나 몸을 튼다고 한다. 자극이 오는 방향에 따라 다가올 위험을 감지하고 예방하기 위한 것이다. 일종의 생존반응이라고 할 수 있다. 이것을 심리학에서는 '정향반응'(Orienting response)이라고 한다. TV나 컴퓨터 혹은 스마트폰의 게임은 생존을 위해 비상시에 써야 할 '정향반응'을 끊임없이 쓰도록 강요한다. '정향반응'은 자극이 있을 때 본

능적으로 가동되는 데 TV는 1분에 다섯 번씩이나 이를 가동하도록 자극한다고 한다. '정향반응'에 따른 생체변화로 인해 뇌혈관이 팽창하고 심장박동이 느려지며, 주요 근육과 혈관이 수축된다고 한다. 미디어에 중독된 사람에게 나타나는 현상을 이렇게 연구했다고 한다. 미디어를 없애자 사람들은 금방 긴장 상태로 바뀌고 어느 한 곳에 집중하지 못하고 산만해졌단다. TV를 보고 난 뒤엔 집중을 잘하지 못하는 것으로 나타난 것이다. 미디어를 떠나면 이완됐던 긴장이나 편안함이 사라질 것 같은 불안감에 '감히' 끄지 못한다는 게 연구진의 분석결과이다. 이것이 중독 상태의 모습이다.

미디어를 내려놓고 가족과 대화를 시작하라

미디어에 많이 노출된 아이들의 정서는 매우 불안하다. 인간 상호 간의 교제가 어렵다. 부모는 아이에게 '좋은 것'인 텔레비전과 게임기와 스마트폰으로부터 자유를 얻도록 도와주어야 한다. 텔레비전을 없애고 게임기를 팔으라. 스마트폰 대신 폴더폰을 사 주라. 아이들은 당장 '좋은 것'이 없어졌다고 아우성을 칠 것이다. 조금 참아 보지만 금단 현상

122
기독교 사용 설명서 12 신자의 생활

때문에 곧 원망할 것이다. 자신에게 중요했던 '좋은 것'이 사라지자 그 빈자리가 허전해 어쩔 줄 모른다. 이때 부모는 아이에게 '더 좋은 것'을 주어야 한다. 그동안 잃어버린 '더 좋은 것'들을 찾아야 한다. 우선 부모는 자녀와 대화하는 시간을 많이 갖도록 한다. 집안일을 같이 한다. 가족이 함께 보드 게임을 한다. 그래도 시간이 남으면 책을 읽는다. 미디어를 사용하지 않아도 할 것이 많다는 것을 곧 경험하게 된다. 미디어와 함께하지 않아도 더 소중하고 중요한 것들과 함께할 것이 많다는 것을 알게 된다. 스마트폰이 없어도 더 행복한 삶이 있다는 것을 발견하게 된다.

미디어 규제, 그 훈련의 의미

어린이에게 '더 좋은 것'을 주기 위해 '좋은 것'을 내려놓게 만드는 것이 필요하다. 빠르면 빠를수록 좋다. 미디어의 유익을 부정하는 것이 아니라 단지 그 위험이 너무 크기에 멀리하자는 것이다. 아이의 가치관이나 신앙이 아직 훈련되지 못한 가운데 미디어를 너무 많이 접하게 되면 잘못된 가치관에 의해 오염될 가능성이 많다. 흡수가 빠른 어린이의 경우 미디어의 영향이 거의 절대적이다. 미디어는 하나님이 주신 아이의 독특한(Unique) 특징을 획일적으로 만들어버리고 만다. 감수성이 예민한 어린 시기에 획일적이고 모방적인 인간을 만들어내는 미디어로부터 좀 멀리 떨어지도록 하는 것이 어린이를 위해 좋다. 어른도 미디어에 한번 중독되고 나면 스스로 통제할 수 없고 거기에서 벗어나기 힘들다. 하물며 어린이는 말할 것도 없다. 방학을 맞으면 아이들이 할 일이 없어 미디어 중독에 걸리는 확률이 높다고 사람들이 염려한다. 우리 아이들은 어떤 상태일까? 중독은 가족관계의 단절을 가져온다. 아이의 정서적 불안을 야기할 수 있다.

미디어의 내용도 문제가 심각하다. 아이들이 보는 프로그램은 기본적으로 통제되지만 모든 것을 검증하지는 못한다. 더구나 신앙적 관점에서 볼 때 문제가 많다. 꽤 많은 프로그램이 정령숭배 사상이나 포스트모더니즘적 세계관을 기반으로 만들어진 것들이다. 하나님 없는 삶을 아름답게 꾸민 허구들이다. 컴퓨터 게임도 그 내용이 파괴적이고 잔인하고 단순하고 감각적인 것들이 대부분이다. 단순히 재미있다는 것 때문에 게임을 하고 있지만 부모는 그 내용에 대해 신경 쓸 관심도 여력도 없다. 심각한 문제이다. 물론 인간은 오락을 좋아하는 존재이다. 그렇지만 그 오락의 내용과 세계관을 점검하며 놀아야 한다. 부모가 그 내용과 방법을 잘 살펴 선정해주어야 한다. 그래야만 아이들이 밝고 깨끗하게 자랄 수 있다.

만약 이렇게 부모가 통제하거나 아이 스스로 판단할 수 있는 상황이 아니라면 미디어를 근본적으로 차단하는 것이 좋다. 그리스도인 어린이는 이제 미디어 문화를 멀리하는 훈련을 해보는 것이 어떨까? 미디어가 무조건 나쁘다고 말하려는 것이 아니라 미디어로부터 떠나게 함으로써 그것에 의해 끌려가지 않고 그것을 멀리서 평가하고 이용하며 통제할 수 있는 능력을 기르자는 것이다. 이를 위해서는 훈련이 필요하다. 아이의 성장기에 보고 배우고 체험해야 할 '더 중요'하고 '더 좋은' 것들이 많이 있다. 미디어 때문에 독서, 운동, 친구관계, 놀이, 가족과의 대화가 단절되는 것이 문제이다. 무조건 미디어를 제한하는 것도 쉽지 않다. 단번에 가능한 가정은 그렇게 해도 되지만 그렇지 않은 가정도 있다. 그럴 경우 단계적으로 줄여가는 지혜가 필요하다. TV를 보지 않거나 게임을 하지 못하도록 했을 때 그 시간에 무엇을 할 것인가를 아이들과 함께 대화하면서 찾아가야 한다. 무조건 하지 말라고 하고 대안을 찾아주지 않으면 아이들은 순간적으로 당황하고 상처를 받을 수 있기 때문이다. 그 효과는 기대 이상이다. 새로운 경험이 될 것이다. 전혀 다른 세상을 경험하게 될 것이다. 이 훈련을 위해 부모가 함께 도와주어야 한다. 진정한 어린이 문화를 세워가기 위해 멀티미디어 문화로부터 멀어지는 것이 필요하다.

가정에서 부모님과 함께하는 문화

지금은 주5일 근무제와 주5일 수업이 거의 정착되었다. 가정에서 어린이 문화가 다시 회복될 수 있는 좋은 기회이다. 아이는 친구를 가장 좋아한다고 생각하지만 사실은 부모와 함께할 때 가장 행복해한다. 부모가 함께 놀아주지 않으니 친구에게 갈 뿐이다. 또래 집단으로 내몰았던 아이를 가정으로 다시 찾아와야 한다. 미디어에 빼앗겼던 아이들을 부모에게 되찾아와야 한다. 부모와 형제자매가 함께하는 시간이 많으면 많을수록 어린이 문화는 더 안정적이고 풍성하게 발전할 것이다. 부모들이 주도권을 쥐고 가정을 개혁해 가야 한다. 아버지가 아이에게 책을 읽어주는 시간은 세상에서 가장 행복한 시간이 될 것이다. 온 가족이 둘러

앉아 가족회의를 하거나 맛있는 음식을 먹으며 얘기를 하는 것이 게임과 비교할 수 없는 행복이라고 느끼게 해야 한다. 아버지와 어머니와 아이들이 함께 성경을 읽고 찬송하고 기도하는 가정예배가 행복의 순간이라고 경험하도록 해야 한다. 아이들의 신앙을 점검하며 신앙적 질문에 대해 깊이 있는 대화를 나눌 때 진정한 신앙의 문화가 형성될 것이다. 온 가족이 함께 보드게임을 하거나 산책을 하면서 가정 문화가 꽃피게 될 것이다. 이것이 우리가 꿈꾸는 미디어 세상 가운데 아름답게 꽃피는 가정의 모습이다. 만약 가정에서의 행복한 문화가 정착되지 않으면 어린이는 밖으로 나가 값싼 미디어 세상 문화에 휩쓸리고 말 것이다. 이것은 우리가 원하는 문화가 아니다.

결론적으로 우리는 이 세상의 어린이 문화를 무조건 따라갈 것이 아니라 그 문화가 어떠한지 평가해야 한다. 지금 세상의 어린이 문화는 멀티와 스마트 미디어에 의해 점령당했다. 미디어 문화가 가져다주는 폐해는 누구나 다 알고 있다. 그 대안을 찾아야 한다. 먼저 미디어로부터 멀리하는 것이 필요하다. 그리고 올바른 어린이 문화를 만들어 가기 위해 가정이 나서야 한다. 무엇보다 아버지가 가정을 위해 헌신해야 한다. 아버지가 가장의 역할을 감당하지 못할 때는 어린이가 제자리를 찾을 수 없다. 가정이 이 부분에서 새롭게 되지 않으면 진정한 어린이 문화를 만들 수 없을 것이다. 어린이 문화는 가정에서부터 시작되어야 한다.

폭력

폭력이 심각하다

학교가기가 무서운 세상이다. 폭력이 무서워서이다. 육체적 폭력도 있지만 정신적 폭력은 더 큰 상처를 주기도 한다. 왕따는 그 대표적인 예이다. 내뱉는 욕설과 비속어들은 아이들의 양심을 무디고 거칠게 만들고 있다. 욕설이 들어가지 않고는 대화가 되지 않는단다. 이런 학교 폭력으로부터 누가 자유로울 수 있을까? 이 글을 읽고 있는 독자의 자녀도 예외가 아니다. 피해자가 될 수도 있고 가해자가 될 수도 있다. 몇 달 전 대구에서 학교 폭력에 시달리던 중학생이 자살을 했다. 재판에서 피해자 부모는 가해자를 엄벌해 달라고 눈물의 호소를 했는데 그도 교사라고 한다. 참으로 안타까운 일이다. 문제는 이런 자살사건이 적지 않다는 데 있다. 더 심각한 것은 자살에까지 이르렀기 때문에 신문에 나고 알려졌지 이와 비슷한 수준의 폭력은 학교와 주변에 너무나 많이 일어나고 있다는 사실이다. 학생과 교사들은 다 아는 사실이다. 그런 폭력 사건을 쉬쉬하며 덮어두기 때문에 밖으로 알려지지 않았을 뿐이다. 어떤 학교는 교문 플래카드에 이런 구호를 써 놓았다. "폭력 없는 학교가 되자!" 그것을 읽던 딸이 이렇게 말했다.

"아빠! 저 학교에 폭력이 있었는가봐! 저렇게 써 붙이니 폭력이 있는 학교라는 것을 선전하는 것 같아!"

과거의 폭력

필자의 학창시절 중·고등학교 다닐 때에도 폭력은 있었다. 교사로부터 체벌이라는 명목으로 일방적으로 당하는 폭력도 있었다. 또 학생이 학생에게 (생활지도 담당 교사의 묵인 하에) 폭력을 가하기도 했다. 학교는 소위 선배 선도부 학생들이 후배들을 교육할 수 있도록 허용했다. 아침 교사회의 시간에 2학년 선배들이 몽둥이를 들고 들어와 머리가 긴 아이나 복장이 불량한 아이들을 잡아내 벌을 주거나 몽둥이로 때리곤 했다. 폭력이 허용되었다. 지금은 생각도 못할 일이지만 말이다. 그 외에도 화장실이나 건물 외진 곳에서 힘 꽤나 쓰는 학생이 약자를 괴롭히는 일도 있었다. 학교 밖에서도 그런 일들은 많았다. 요즘처럼 조직적인 일진회라는 형태는 아니지만 깡패라 불리는 무리들이 있었다. 그들이 지나다니는 골목은 가급적 피해 먼 길을 둘러다녀야 했다. 그렇다고 학교 폭력에 못 이겨 자살을 하는 경우는 그다지 들어보지 못했던 것 같다. 폭력이 너무 많아 만성이 되었었기 때문이었을까? 이렇게 학교 폭력이 어제오늘의 일이 아니지만 요즈음 더 문제가 되는 것은 왜일까? 옛날 우리는 웬만한 폭력에도 잘 참고 이겨냈지만 요즘 아이들은 패기(깡다구)가 없는 것일까? 그렇게 단순하게 풀 문제가 아닌 것 같다. 더 복잡하고 다양한 요인들이 있을 것 같다.

요즘의 폭력

세상은 많이 변했다. 교사는 학생에게 함부로 폭력을 행사할 수 없다. 체벌이라는 명목의 폭력도 쉽게 할 수 없다. 좋아졌다. 하지만 학생들 사이에 오가는 폭력은 어떻게 할 방법이 없다. 통제가 어렵기 때문이다. 바로 여기에 문제가 있다. 수업을 하지 않는 쉬는 시간과 점심시간, 그리고 방과 후 학교나 학교 밖에서 폭력이 일어난다. 교사는 거기까지 학생들의 생활을 지도할 만큼의 여력이 없다.

폭력의 종류도 다양하다. 폭력에는 신체적인 폭력, 정신적인 폭력, 그리고 심리적인 폭력이 있다. 신체적인 폭력으로는 '차기', '때리기', '침 뱉기', '흉기로 위협하기', '피해자 물건 빼앗기', '돈이나 금품갈취하며 폭력 행사하기', '밀치기' 등이 있다. 정신적인 폭력으로는 '모욕감을 주는 말하기', '차별적 말하기', '신체적 폭력을 가하겠다고 위협하기', '개인 약점 들추고 모함하기', '신체적 특징에 대해 놀리기' 등이 있다. 마지막으로 심리적인 폭력은 '공개적으로 망신 주기', '집단에서 소외시키기', '지속적으로 귀찮게 하는 행동', '대화 거부하기', '비웃기', '쓸데없이 심부름 시키며 하인 부리듯 하기', '장난을 빙자하여 괴롭히기', '학용품, 돈, 물품 등을 감추거나 버리기', '고립시키기'(왕따) 등이 있다.

집단적으로 왕따를 시키기도 하고 언어폭력을 가하는 경우도 있다. '빵셔틀'은 힘이 센 학생이 종처럼 부리는 아이를 말한다. 학교 매점에서 빵을 대신 사다주는 심부름꾼을 말한다. 어떤 때는 돈도 주지 않으면서 빵을 사오라고 한다.

심한 욕설을 하거나 인격을 모독하는 말을 쉬 내뱉기도 한다. 성적 희롱과 성폭력도 있다.

그리스도인도 폭력에 노출되어 있다!

그리스도인 자녀들도 이런 폭력에 노출되어 있다. 피해자가 되기도 하지만 종종 가해자가 되기도 한다. 학교 폭력에 노출된 그리스도인 자녀의 부모를 만나는 기회가 종종 있다. 초등학교 1학년 때부터 왕따를 당하고 신체적, 정신적 폭력에 시달리다가 대안학교를 찾는 학생들이 적지 않다. 그리스도인 자녀라도 이런 폭력으로부터 자유로울 수는 없다. 그리스도인도 이 학교 폭력의 실태를 파악하고 대책을 마련해야 한다. 정부의 대책만 의지하고 있을 일이 아니다. 그리스도인들이 자기가 속한 각 영역에서 학교 폭력의 문제를 직시하고 대책을 세워야 한다. 그리스도인 교사는 이런 학교 폭력을 어떻게 해결할 것인가? 그리스도인 학교 경영자는 이런 폭력의 문제를 어떻게 할 것인가? 폭력은 학교에서만 일어나는 것이 아니라 방과후 아이들이 활동하는 게임방, PC방, 학원과 친구 또래집단의 삶의 장에서도 일어난다. 그리스도인은 이런 사회 환경 안에서 아이들이 어떻게 시간을 보낼 수 있도록 도와 줄 것인가? 또 그리스도인 가정은 학교 폭력에 대처하기 위해 어떻게 해야 하는가? 교회는 학교에서 일어나는 폭력을 멀리서 팔짱만 끼고 방관할 것인가? 그럴 수 없다. 언약의 자녀들이 학교 폭력에 노출되어 있다. 그리스도인 학생들이 이 폭력이 난무하는 사회에서 어떻게 살아가도록 할 것인가? 결코 쉽지 않은 숙제들이 놓여 있다.

제도적 조치가 해결해줄까?

학교 폭력 문제를 해결하기 위해 정부가 나선다고 해결될까? 국가는 복수 담임제도를 실시하고, 가해학생을 즉시 출석정지시킬 수 있도록 하며, 폭력 사건을 방치하면 직무유기로 교사를 처벌할 수 있도록 하는 등 여러 가지 강도 높은 대책을 내놓는다. 그렇게 문제가 쉬 해결될 수 있다면 다행이다. 그러나 문제는 그렇게 간단하지 않다. 수많은 대책이 있지만 효력을 보지 못했다. 그러면 우리는 어떻게 할 것인가?

그러면 우리는 어떻게 할 것인가?

필자는 학교 폭력에 대한 교회와 성도의 역할에 대해 살펴보려 한다. 교회와 성도는 어쩌면 학교 폭력과 직접적인 관련이 없을지도 모른다. 교회와 성도는 학교 폭력의 조장자도 아닐 수 있고 학교 폭력의 피해자도 아닐 수 있다. 그러나 학교 폭력이 일어나는 곳은 그리스도인 교사의 일터요, 그리스도인 학생이 공부하는 곳이다. 이렇게 성도가 학교 폭력이 발생하는 곳과 밀접한 연관을 맺고 있는 상황을 고려한다면 무관심할 수 없다.

이런 중요한 사안 앞에서 우리는 먼저 교회와 성도의 고유한 역할을 짚어보아야 한다. 교회와 성도의 고유한 역할을 간단히 말하면 하나님의 백성과 그리스도의 제자로 살아가는 것이다(마 28:18-20). 예수님은 제자들(사도들)을 교회로 부르시고 말씀을 맡기셨다. 예수님이 하늘로 승천하신후 사도들은 교회에 직분자를 세웠고 말씀을 전수했다. 지금도 교회에는 사도들이 전해준 말씀을 선포하는 직분자(목사)가 있다. 목사는 하나님의 말씀을 바르게 선포함으로써 하나님께서 교회로 부르신 자들에게 말씀을 가르쳐 세례를 주고 하나님의 말씀대로 살아가는 제자로 만들어야 한다. 제자란 주님의 말씀을 잘 지키는 자이다. 교회와 성도가 이 역할을 충실하게 잘할 때 그 역할을 다했다고 볼 수 있다.

교회에서 가르침을 받고 양육받은 예수님의 제자들은 세상으로 나가 삶의 각 영역에서 그리스도인으로 살아간다. 즉, 그리스도인들은 정치, 경제, 사회, 문화뿐 아니라 학교 폭력 문제에서도 기독교적인 영향을 세상에 끼치게 된다. 학교에서 공부하는 그리스도인 학생, 학교에서 일하는 그리스도인 직원(교사와 행정가), 교육관련 정책을 입안하고 실행하는 그리스도인들, 그리고 사회 여러 영역에 있는 그리스도인들이 사회에 기독교적 영향을 미친다. 교회는 바로 성도들이 세상에서 소금과 빛의 역할을 제대로 하도록 말씀으로 잘 가르치는 역할을 한다. 이것이 교회 고유의 역할이 아니겠는가!

그런데 안타깝게도 교회와 성도가 고유의 역할에 충실했느냐 하는 질문에 잘하고 있다고 대답할 수 없다. 교회와 성도는 세속적 성공주의에 깊이 물들어 있으며 생명 존중의 정신이 부족해 보인다. 교회와 성도는 그리스도인 가정이 건강하도록 가르치지 못했다. 가정에서 신앙생활이 역동적으로 이루어지도록 가르치지 못했다. 그래서 몇 가지 대안과 방향을 제시해본다.

첫째, 세속적 성공주의를 벗어나라

우리 아이들은 지금 무한경쟁에 내몰리고 있다. 승리자는 좋은 자리에 '선발'되지만 패배자는 '배제'되는 냉혹한 현실을 학교와 사회에서 배우고 있다. '선발'과 '배제'의 원리는 신자유주의 시장경제의 기본원리이기도 하다. 인간의 욕망과 욕심을 자극해 경쟁 속에서 이겨야 된다고 가르치는 교육방법은 성경적이지 않다. 그런데 이런 세속적 성공주의가 교회와 성도의 마음속에 깊숙이 들어와 있음을 부정할 수 없다. 좋은 대학을 나오지 않으면 사람으로서의 대우를 받지 못한다고 말하고 이런 세상에서 살아남기 위해 무한경쟁에서 이겨야 한다고 세상은 말한다. 성도도 이런 세상의 주장에 속아 세속적 성공을 위해 달리고 있다. 가장 심각한 것은 신앙을 희생시키는 것이다. 현재 우리 아이들은 신앙훈련을 받을 시간도 없이 학교 공부에 매진하고 있다. 주일에 예배를 빠지면서까지 학교와 학원을 오간다. 교회의 주요 직분자의 자녀도 예외가 아니다. 꽤 유명한 모 목사는 자신이 아는 거의 대부분의 목사들이 그 자녀들을 주일에도 학원에 보내더라고 말했다. 충격이 아닐 수 없다.

성도는 성경적 가치에 순종해야 한다. 아이들은 하나님

으로부터 각각 다양한 능력과 적성을 받았다. 성도는 아이들이 하나님께로부터 받은 능력과 은사를 감사하고 만족하도록 가르쳐야 한다. 영어나 수학 성적이 나쁘면 그 외에 다른 재능이 있어도 열등감을 느끼며 사는 것이 현재 사회 분위기이다. 성도는 자녀가 하나님 앞에서 바른 자존감을 갖도록 가르치고 격려해야 한다. 하나님의 형상으로 지음 받았고 독특하고 존귀한 존재임을 깨닫도록 훈련해야 한다. 하나님의 평화와 사랑과 공의를 세상에 전하고 실천할 수 있도록 교육하고 훈련해야 한다. 학교 교육은 한계가 있다. 누가 할 수 있겠는가? 이것은 교회와 성도가 아니고는 할 수 없다. 주님은 바로 이것을 성도가 하도록 부탁하셨다.

이런 맥락에서 수능 시험날 교회에서 기도회를 하거나 자녀가 소위 일류대학에 들어갔다고 감사헌금을 하는 것, 또는 이를 교회적으로 광고하는 일 등은 피하는 것이 좋다. 성도로 하여금 세속적 성공주의를 따라가도록 조장할 위험이 있기 때문이다. 교회는 더 깨어 있어야 한다. 그리고 교회 본래의 모습으로 돌아가려는 노력을 끊임없이 기울이지 않는다면 아이들은 전쟁을 방불케 하는 경쟁 속에서 신앙과 인격이 파괴될 것이고 결국 비신앙인 아이들과 마찬가지로 폭력에 노출될 것이다.

둘째, 생명의 소중함을 가르치라

통계에 의하면 우리나라 청소년의 자살률이 점점 높아지고 있다. 친구 관계에서 정신적 폭력과 신체적 폭력으로 고통받던 아이들이 마지막으로 택하는 방법이 자살이다. 참담한 일이 아닐 수 없다.

그런데 많은 청소년들이 생명에 대해 무지하다. 생명이 무엇인가에 대한 개념이 없다. 자살을 할 정도로 심각한 고통 속에 있었다는 것을 이해하지 못하는 것은 아니지만 자신의 생명을 자신이 해치는 것도 폭력이고 하나님 앞에서 죄임을 알아야 한다. 다른 사람의 생명을 해하는 것과 자신의 생명을 해하는 것이 대상만 다를 뿐 동일한 폭력임을 알아야 한다. 생명은 하나님의 소유이다. 우리 마음대로 할 수 없고 해서도 안 된다. 생명에 대한 바른 개념을 성도가 알고 실천해야 한다. 자살하면 지옥에 간다는 식의 공포감만 주는 교육이 아니라 생명의 소중함을 가르치고 생명을 주신 하나님의 뜻을 가르치는 것이 중요하지 않을까?

특별히 정신적·신체적으로 연약한 자들을 더 돌아보고

도와주어야 하는 사랑의 정신을 가르친다면 학교 분위기는 한층 나아질 것이다. 청소년들이나 청년들이 준비되지 않은 임신을 하고 쉽게 낙태를 선택하는 것도 마찬가지다. 뱃속의 생명을 힘으로 폭력을 행사해 죽이는 것은 신앙인으로서 할 수 없는 일이다.

성도는 생명의 소중함을 알고 자녀에게 가르쳐야 한다. 만약 가정에서 부모가 생명을 사랑하도록 교육한다면 아이들은 다른 사람에게 고통을 주는 폭력을 쓰지 않을 것이다. 자신의 생명에 대해서도 하나님 안에서 가치를 찾게 될 것이다. 생명의 소중함과 관련해 가르쳐야 할 것들이 얼마나 많은지 모른다.

셋째, 건강한 가정을 회복하라

학교 폭력과 관련해 교회가 할 수 있는 가장 직접적인 기여는 그리스도인 가정을 건강하게 만드는 것이 아닐까? 교육 전문가들이 지적한 것처럼 건강한 가정에서 건강한 아이들이 나고 건강한 아이들이 많아지면 많아질수록 학교와 사회가 점차 건강해질 것이다. 교회는 각 성도의 가정이 제대로 서도록 도와야 한다. 가정이 중요하다고 말만 하는 것으로는 부족하다. 한국 교회의 특징은 신앙생활이 가정 중심이 아니라 교회 중심이라는 것이다. 교인들은 수많은 예배와 교회 행사 속에서 살아가고 있다. 결과적으로 교회 중심의 신앙생활을 열심히 하는 사람은 정작 자신의 가정을 챙길 겨를이 없다. 부모는 교회생활에 열심이지만 그의 자녀는 신앙의 울타리 안에서 자라지 않는 경우가 종종 있다. 교회는 성도의 가정이 신앙 안에서 온전히 자라도록 구체적인 방법을 제시해야 한다.

Q. 재난이 발생할 때 그리스도인은 무엇을 조심해야 하며 어떻게 행동해야 할까요?

Q. 주변에 일어난 재난에 대한 예수님의 교훈은 무엇이며 재난의 때에 취해야 할 그리스도인의 자세를 정리해봅시다.

Q. 자신이 생각하는 멀티미디어의 폐해는 무엇이라고 생각합니까? 멀티미디어 중독을 해결할 수 있는 방법이 무엇일까요?

Q. 본인이 직&간접적으로 경험한 신체적 혹은 정신적 폭력을 나눠봅시다. 폭력의 문제를 해결할 방안을 제시해봅시다.

나가며

유럽 저지대에는 소위 '공동생활형제단'(Fratres Vitae Communis)이라는 경건한 성도들이 등장해 중세 후기의 영성을 유지하고 있었다. 'Vitae Communis'는 '공동생활'이라고 번역하기보다는 '일상생활'이라고 번역하는 것이 더 적절하다. 왜냐하면 이전 수도원이 속세를 떠나 한적한 산이나 계곡에 위치했지만 이 형제단은 마을 변두리에 있으면서 일상생활을 하면서 수도원의 의미를 살렸기 때문이다. '형제단'(Fratres)라는 용어도 수도사라는 성직보다는 만인제사장적 직분을 모든 성도가 형제자매로서 일상에서 행하며 살아야 한다는 것을 보여주었다. 그런 의미에서 '일상생활형제단'의 경건운동은 당시 매우 파격적이고 앞서가는 '현대적 경건'(Devotio Moderna)이라고 불렸다.

오늘날 교회와 신자들은 너무 세속과 가까워져 세속화되

고 있다는 것이 문제이다. 사탄은 그리스도인을 세속 깊숙이 유혹해 어디가 믿음이고 어디가 신념인지 구분이 어려울 지경이 되고 말았다. 물질적 부요 속에서 영적 가난이 심각한 문제가 되고 있다. 만약 조심하지 않으면 가난을 모르는 다음 세대가 하나님과 그분이 행하신 구원의 위대한 일을 알지 못하는 일이 일어날 것이 뻔하다.

믿음은 삶에서 증명될 수밖에 없다. 믿음의 진위는 고난 속에서 드러나게 될 것이다. 삶을 가볍게 여길 일이 아니다. 신자는 경건한 삶을 영위할 때 아름답고 힘이 있다. 그 삶은 그리스도의 복음에 합당해야 한다. 하나님 나라에 갈 때까지 끊임없이 추구해 가야 할 길이다.

참고문헌

권장희, 『스마트폰으로부터 아이를 구하라』, 마더북스, 2018.

임경근, 『기독교학교 이야기』, SFC, 2009.

_____, 『종교개혁과 가정』, SFC, 2017.

_____, 『개혁신앙, 현대에 답하다』, SFC, 2017.

_____, 『교리와 함께하는 365 가정예배』, 세움북스, 2014.

_____, 『365 교리 묵상』, 이레서원, 2019.

_____, 『콕 집어 알려주는 가정예배 가이드』, 생명의말씀사, 2020.

임경근(공저), 『기독교 교육학 개론』, 생명의양식, 2007.

임경근(공저), 『종교 교육론』, 학지사, 2013

임경근(공저), 『담임목사가 되기 전에 알아야 할 7가지』, 세움북스, 2016.

임경근(공저), 『교회의 직분자가 알아야 할 7가지』, 세움북스, 2017.

임경근(공저), 『성도가 알아야 할 7가지』, 세움북스, 2018.

임경근(공저), 『가정예배, 어떻게 할 것인가?』, 생명의양식, 2018.

임경근(공저), 『종교개혁, 왜 오직인가?』, 생명의양식, 2019.

토머스 브룩스(Thomas Brooks), 『고난 가운데 잠잠한 영혼』, 그책의사람들, 2018.